AF559606

अज्ञेय का काव्य

अज्ञेय का काव्य

प्रणय कृष्ण

लोकभारती प्रकाशन
पहली मंजिल, दरबारी बिल्डिंग, महात्मा गाँधी मार्ग, इलाहाबाद-1

लोकभारती प्रकाशन
पहली मंजिल, दरबारी बिल्डिंग, महात्मा गाँधी मार्ग
इलाहाबाद-211 001
वेबसाइट : www.lokbhartiprakashan.com
ईमेल : info@lokbhartiprakashan.com
शाखाएँ : 1-बी, नेताजी सुभाष मार्ग, दरियागंज
नयी दिल्ली-110 002
अशोक राजपथ, साइंस कॉलेज के सामने
पटना-800 006 (बिहार)
36-ए, शेक्सपियर सरणी
कोलकाता-700 017

संस्करण : 2015

त्रिवेणी ऑफसेट प्रिंटर्स
इलाहाबाद द्वारा मुद्रित

AGYEY KA KAVYA
by Pranay Krishna

ISBN : 978-93-5221-057-2

मूल्य : ₹ 300

क्रम

———

अज्ञेय : एक नजर में

अज्ञेय हमारे देश की एक ऐसी सांस्कृतिक शख्सियत थे जिनके व्यक्तित्व और कृतित्व में भारतीयता के अनेक मायने, अन्तर्विरोध और अन्तर्दृष्टियाँ निहित हैं। उनके जीवन का पहला लगभग चालीस फीसदी हिस्सा हिन्दुस्तान की आजादी के पहले बीता और शेष हिस्सा आजादी के बाद। पहले हिस्से में वे क्रान्तिकारी देशभक्तों यानी भगवतीचरण वोहरा, भगतसिंह, यशपाल आदि की धारा के अंग भी रहे थे और 1942 में उन्होंने फासीवाद-विरोधी सम्मेलन के आयोजन में बढ़-चढ़कर हिस्सा लिया। 1943 आते-आते उन्होंने फासीवाद विरोधी अन्तरराष्ट्रीय मुहिम के चलते अंग्रेजी सेना में दाखिला लिया। उस समय भारत की कम्युनिस्ट पार्टी ने भी विश्व-परिस्थिति में जर्मनी के नाजीवाद और इटली के फासीवाद के विरुद्ध रूस की मार्फत मित्र राष्ट्रों की मुहिम का ही साथ दिया था। अज्ञेय की समझ भी यही रही होगी कि फासीवाद ज्यादा बड़ा खतरा है और उसकी हार को सुनिश्चित करने के लिए उन अंग्रेजों का भी साथ देना अनुचित न होगा जिनके खिलाफ वे देश की आजादी के लिए सशस्त्र संघर्ष में उतरे थे। अज्ञेय और भारत की कम्युनिस्ट पार्टी की समझ इस मुद्दे पर एक थी। हालाँकि साम्राज्यवाद-विरोधी संघर्ष और फासीवाद-विरोधी संघर्ष को एक साथ चलाना ज्यादा सही बात होती जिसे बाद में कम्युनिस्ट आन्दोलन ने स्वीकार भी किया। आजादी के बाद शीतयुद्धकालीन दौर में जब अज्ञेय एक किस्म से साहित्य की दुनिया में कम्युनिस्ट विचारधारा और व्यवहार का सबसे ताकतवर प्रतिपक्ष बने हुए थे, उस समय भी उन्होंने भारतीय किस्म के फासीवाद यानी संघ परिवार को कम्युनिस्ट-विरोध, भारतीयता या राष्ट्रवाद के नाम पर कभी तवज्जो नहीं दी। आजादी के बाद की राजनीति में उनका दायरा नेहरू, लोहिया और जयप्रकाश तक जाता है, उससे ज्यादा दाहिने मुड़ना उन्होंने गवारा न किया। यहाँ वे निर्मल वर्मा, विद्यानिवास मिश्र जैसे अपने साहित्यिक सहयोगियों से काफी अलग ठहरते हैं।

अज्ञेय को बहुधा व्यक्तिवादी या व्यक्तित्ववादी कहा जाता है। उन्हें शीतयुद्धकालीन दौर की उच्च मध्यमवर्गीय भारतीय मानसिकता के अनुकूल ही यह लगता था कि कम्युनिस्ट समाज में व्यक्ति की स्वाधीनता का कोई मतलब नहीं रह जायेगा। मुश्किल यह है कि उनके चिन्तन और साहित्य में व्यक्तित्व के दमन के भारत में मौजूद वास्तविक सामन्तवादी स्रोतों की आलोचना उतनी नहीं है

('शेखरः एक जीवनी' उपन्यास और कुछेक कहानियों के बावजूद), जितनी कि कल्पित समाजवादी विकल्प में उसके दमन की। कहा नहीं जा सकता कि इस धारणा पर वे पश्चिमी और अमरीकी उदारवादी लोकतन्त्रों की मान्यताओं, सोवियत संघ की वास्तविक स्थिति या फिर हिन्दी साहित्य की दुनिया के अपने विमर्शों के माध्यम से पहुँचे थे, लेकिन यह तय है कि वे व्यक्तित्व को मूलगामी मानते थे, न कि सामाजिक सम्बन्धों का उत्पाद। व्यक्तित्व की अनन्यता, अद्वितीयता, मौलिकता वगैरह को उन्होंने भारी महत्त्व दिया। अस्तित्ववाद की भी इसमें जरूर एक भूमिका थी। महत्त्व की बात लेकिन यह है कि उनका व्यक्तिवाद भी प्रबुद्ध बूर्जुआ व्यक्तिवाद ही था जिसमें लोकतन्त्र, आधुनिकता, धर्मनिरपेक्षता, मानवाधिकार के प्रति प्रतिबद्धता निहित थी। सांस्कृतिक व्यक्तित्व होने के नाते ही व्यक्तिगत सम्बन्धों में भारत के बड़े पूँजी घरानों से जुड़ने के बावजूद वे एक अकेलापन भी भोगते हैं। यह अकेलापन दुतरफा है। समाज के जिस तबके में उनका जीवन बसर होता है, उसके सम्बन्ध कृत्रिम हैं, दूसरी ओर उनकी दृष्टि में व्यापक जनसमाज की 'भीड़' और कोलाहल में व्यक्ति की निजता का कोई मोल नहीं। इसलिए मुक्ति की तलाश में वे अहं को समाज में घुलाने की राह नहीं अपनाते बल्कि अहं से निष्कृति के लिए वे क्रमशः प्रेम, प्रकृति और तथता (जापानी बौद्ध चिन्तन की रहस्यवादी ज़ेन शाखा का प्रत्यय) तथा गैर-धार्मिक आध्यात्म की दूसरी चिन्तन-पद्धतियों की ओर अग्रसर होते दिखायी देते हैं। मुक्ति उनके लिए सत्य की ही तरह वैयक्तिक है जो उन्हें मौन की साधना, सन्नाटे का छन्द बन जाने की ओर ले जाती है। अज्ञेय के काव्य में सतत निजता की सुरक्षा और अहं से निजात पाने का द्वन्द्व चलता रहता है। आधुनिक प्रेम की आधारभूत द्वन्द्वात्मकता जितना उनके साहित्य में स्थान पाती है उतना हिन्दी में अन्यत्र नहीं। साहित्य में पर्यावरण की चिन्ता और अन्धाधुन्ध आधुनिक विकास के विनाशकारी परिणामों के प्रति सजगता उनकी कविताओं में अन्य किसी के मुकाबले बहुत पहले से मिलती रही है। 'शरणार्थी' शृंखला की कविताएँ लिखकर हिन्दी कविता में विभाजन की त्रासदी के दंश को अपने समय में अंकित करनेवाले वे लगभग अकेले ही थे, जबकि गद्य में ऐसी स्थिति न थी।

विज्ञान के मेधावी विद्यार्थी होने के चलते अज्ञेय ने आरम्भ से ही प्रयोगधर्मिता को अपने जीवन और काव्य में एक मूल्य की तरह बरता। जीवन में सतत घुमक्कड़ी, विविध पेशे अपनाने और विविध प्रकार के शिल्पों को सीखने का उत्साह, चिन्तन में लगातार विविध पश्चिमी और पूर्वी दर्शनों के साथ संवाद और विवाद तथा साहित्य में वस्तु, विषय, अनुभूति के ढंग, प्रतीक, बिम्ब और कथन की शैली

को लेकर सतत प्रयोग, उनकी इसी प्रयोगधर्मी रचनाशीलता का प्रमाण हैं। भाषा के प्रति उनमें गहरी सजगता थी। उनके पहले उपन्यास 'शेखरः एक जीवनी' ने न केवल औपन्यासिक शिल्प में एक बड़ा युगान्तर उपस्थित किया बल्कि भाषा की आन्तरिकता की दृष्टि से भी हिन्दी गद्य-भाषा में वह एक प्रतिमान है। अज्ञेय शब्द-साधक थे और लगातार इस प्रतिज्ञा पर अडिग थे कि शब्द अनुभूति और सम्प्रेषण, दोनों का साधन है। सामाजिक और ऐतिहासिक विकास के साथ अनुभूति की प्रणाली में बदलाव आता है और साथ ही भाषा की भंगिमा, प्रयोग-विधि और बुनावट में भी। अज्ञेय साहित्य की अलग-अलग विधाओं की प्रकृति में अन्तर की गहरी समझ रखते थे। विधाओं के बारे में उन्होंने न केवल सैद्धान्तिक स्तर पर काम किया बल्कि हिन्दी गद्य की सभी विधाओं में रचना कर उन्होंने व्यवहार के धरातल पर भी उदाहरण प्रस्तुत किये। कहा जा सकता है कि यूरो-अमरीकी साहित्य का आधुनिकतावादी अध्याय जिस तरह टी. एस. एलियट का ऋणी है, उसी तरह एलियट से काफी हद तक प्रभावित अज्ञेय ने हिन्दी का आधुनिकतावादी अध्याय रचा। कहने की जरूरत नहीं की भारतीय सन्दर्भो में आधुनिकता और अज्ञेय द्वारा दो विश्व-युद्धों के बीच प्रवर्तित यूरो-अमरीकी आधुनिकतावाद के असर में जो आधुनिकतावाद हिन्दी में निरूपित हुआ, दोनों काफी अलग हैं।

अज्ञेय के लिए एक उत्तर-औपनिवेशिक भारत में प्रामाणिक भारतीयता का सन्धान करना जरूरी लगा हो तो कोई आश्चर्य की बात नहीं। उन्होंने धर्म, संस्कृति और इतिहास जैसे पदों की अभिनव व्याख्याएँ प्रस्तुत करते हुए इन पदों में निहित पश्चिमी अर्थ-अनुषंगों का यथासम्भव निरसन किया, फिर भी उनकी व्याख्याएँ पुरातनपन्थी, मूलतत्त्ववादी आग्रहों से काफी हद तक मुक्त हैं। उन्होंने किसी धार्मिक प्रत्यय की जगह काल की चक्रीय धारणा (नटराज की मूर्ति से प्रतीकित) को पश्चिमी बोध से अलग भारतीय जीवन-बोध, काल-चेतना और शैली का अभिलक्षण माना। ये अलग बात है कि अनेक इतिहासकारों और देशीवाद के विद्वानों ने सोदाहरण दिखलाया है कि काल की चक्रीय चेतना भारतीयता का रूपक नहीं हो सकती क्योंकि काल के मापन और उसे महसूस करने की अनेक पद्धतियाँ प्राचीन समय से ही भारत में विद्यमान रहीं हैं और उनका साहित्य-रूपों में वैविध्यपूर्ण प्रतिफलन भी होता रहा है। अज्ञेय उत्तरोत्तर इतिहास से ज्यादा सनातनता को महत्त्व देते गये। उन्हें एक मूल, सनातन मनुष्य की तलाश थी, अपने भीतर भी और बाहर भी, जो इतिहास (जैसा कि उसे समझा जाता है) के बाहर ही सम्भव थी। कार्ल मार्क्स ने इतिहास की व्याख्या वर्ग-सम्बन्धों के सन्दर्भ में की

थी जब उन्होंने कहा कि अब तक का मानव-जाति का (लिखित) इतिहास वर्ग-संघर्ष का इतिहास है। वर्ग-विहीनता को भी वे इतिहास-विहीनता नहीं मानते बल्कि जोर देकर कहते हैं कि वास्तविक मानवीय इतिहास तभी शुरू होगा जब समाज वर्गविहीन होगा, जब व्यक्ति सचमुच अनन्य, मौलिक और स्वाधीन होगा। इससे पहले का मानवीय इतिहास प्राक्-इतिहास है। अज्ञेय् शीतयुद्ध के दौर के व़ाद-विवाद के चलते मार्क्स की इस स्थापना पर गौर नहीं कर सके। अज्ञेय पश्चिम की सांस्कृतिक और वैचारिक परिक्रमा के बाद भारतीयता को नये सिरे से पहचानने और परिभाषित करने का उपक्रम करते हैं। उनके साहित्य पर मनोविश्लेषण, अस्तित्ववाद, पश्चिमी आधुनिकतावाद और गैर-रूमानियत के बाद गैर-धार्मिक आध्यात्मिक रहस्यवाद (जिद्दू कृष्णमूर्ति के चिन्तन और क्वाण्टम भौतिकी की कतिपय व्याख्याओं से समर्थित) की ओर क्रमशः झुकाव इसी विकास-यात्रा का साक्षी है।

———

1
परम्परा और अज्ञेय की प्रेम कविता

'अज्ञेय' की कविताओं का एक बड़ा भाग प्रकृति, प्रणय और मृत्यु इन तीन विषयों से सम्बन्ध रखता है। ये तीनों ही रोमाण्टिकों के प्रिय विषय रहे हैं। 'अज्ञेय' जिनका रचनाकर्म हिन्दी साहित्य के रोमाण्टिक युग 'छायावाद' की समाप्ति के पश्चात् शुरू होता है, उन्हीं विषयों को अपने काव्य के लिए चुनते हैं, तब प्रश्न यह उठता है कि क्या 'अज्ञेय' रोमाण्टिक हैं अथवा गैर रोमाण्टिक? मूल्यनिर्णय की जल्दबाजी किये बगैर भी सुरक्षित रूप से यह कहा जा सकता है कि 'विषय' की दृष्टि से छायावाद का अनुवर्तन करते हुए भी 'वस्तु' के स्तर पर 'अज्ञेय' की कविताएँ छायावाद से भिन्न हैं, यहाँ तक कि उनकी आरम्भिक कविताओं में जहाँ शिल्प छायावाद से प्रभावित है वहाँ भी काव्यवस्तु अपनी भिन्नता में मुखर हो उठती है। इसी बात को लक्ष्य करते हुए केदारनाथ सिंह ने लिखा है कि—"कभी-कभी यह बात गहरे आश्चर्य में डाल देती है कि कविता के ढाँचे में एक बुनियादी परिवर्तन की आकांक्षा लेकर चलनेवाला यह कवि बार-बार छन्द, लय और भाषा की उन सरणियों में क्यों भटक जाता है, जो उसे उसके पूर्ववर्ती कवियों के निकट ले जाती हैं। 'इत्यलम्' और 'चिन्ता' की पद्य कृतियों को पढ़ते समय ऐसा बार-बार लगता है। पर, मैं इस नतीजे पर पहुँचा हूँ कि 'अज्ञेय' की आरम्भिक कविताओं की सही पहचान के लिए उनके बाह्य रूपाकार को थोड़ा ओझल करना होगा—कम-से-कम ये कविताएँ यही माँग करती हैं।"[1]

स्वयं 'अज्ञेय' को भी निश्चित रूप से बहुत आरम्भ से ही यह अहसास था कि उनकी प्रणयानुभूति अपने पूर्ववर्तियों से भिन्न प्रकार की थी। 'इत्यलम्' की कविता 'मैंने आहुति बनकर देखा' में वे अपने प्रेम को छायावादियों और उत्तर-छायावादियों की प्रेम सम्बन्धी सामान्य धारणाओं से विशिष्ट बतलाते हैं—

"अपने जीवन का रस देकर जिसको यत्नों से पाला है—
क्या वह केवल अवसाद-मलिन झरते आँसू की माला है?
वे रोगी होंगे प्रेम जिन्हें अनुभव रस का कटु प्याला है—
वे मुर्दे होंगे प्रेम जिन्हें सम्मोहन-कारी हाला है।

मैंने विदग्ध हो जान लिया, अन्तिम रहस्य पहचान लिया—
मैंने आहुति बनकर देखा यह प्रेम यज्ञ की ज्वाला है?'[12]

इन पंक्तियों से केदारनाथ सिंह की बात और भी स्पष्ट होकर सामने आती है। जिन पंक्तियों में 'हाला' और 'प्याला' का विरोध है, भाषा, छन्द और लय की दृष्टि से वही पंक्तियाँ 'हाला' और 'प्याला' के कवियों के सबसे करीब हैं। उत्तर-छायावाद से पहले छायावाद की ढेर सारी प्रेम कविताओं को 'अवसाद मलिन झरते आँसू की माला' ही माना जाता था (या कम-से-कम यही सामान्य प्रचलित धारणा थी)। किन्तु 'अज्ञेय' का कवि छायावाद और उत्तर-छायावादी प्रेमानुभूतियों के बरअक्स प्रेम को यज्ञ की ज्वाला के रूप में देखता है। इस पूरी कविता में प्रेम जीवन संग्राम का पर्याय बन जाता है। प्रेम को यह केन्द्रीयता संख्या की दृष्टि से ढेर सारी प्रेम कविताएँ लिखने के बाद भी न तो छायावादी दे सका था और न ही उत्तर-छायावादी।

छायावाद का कवि जिन ऐतिहासिक दबावों के बीच सृजनरत था, उसका यह स्वाभाविक परिणाम था कि 'प्रेम' जैसा विषय उसके हृदय के सबसे करीब होते हुए भी उसके काव्य के केन्द्र में इस तरह नहीं आ सकता था कि 'प्रेम' का सवाल जीने मरने का सवाल हो जाये। गहरी राजनैतिक हलचल, बड़े सामाजिक संघर्ष और सबसे बढ़कर पुनर्जागरण की चेतना के अनुरूप गहरी सांस्कृतिक चिन्ताएँ छायावादी काव्य की प्राथमिकताएँ निर्धारित कर रही थीं। ऐसे में जहाँ उसने बाकी विषयों में 'मैं' शैली अपनायी, वहीं 'प्रेम' के मामले में थोड़ा संकोच बरता। उसकी वैयक्तिक प्रणयानुभूति के तमाम मार्मिक प्रसंग मुखौटों में व्यक्त हुए। मनु और श्रद्धा, राम और जानकी तथा तुलसीदास और रत्नावली के प्रेम प्रसंग स्वयं छायावादी कवियों के वैयक्तिक प्रेमानुभाव से गहरे रंजित हैं। 'जूही की कली' या 'नयनों के डोरे लाल गुलाल भरे, खेली होली' जैसी मांसल सम्भोग-प्रधान कविताओं में भी पात्र कवि स्वयं नहीं है। कुल मिलाकर 'प्रेम' की पूर्णतर अभिव्यक्ति छायावादी कवि ने उन कविताओं में की जिनमें उसने पात्र दूसरे रखे थे। जब भी उत्तम पुरुष में उसे बोलना होता था, वह या तो समूचे प्रसंग को हवाई बना डालता था या रहस्यमय और दोनों ही स्थितियों में उसकी अतृप्ति, विरह और दुःख 'अवसाद मलिन झरते आँसू की माला' के रूप में प्रकट हो जाते थे। हवाई बनाना या रहस्यमय बनाना दोनों ही वास्तविक अनुभूति को किसी हद तक ढँकने का ही प्रयास है। छायावाद का कवि यदि इस प्रयास में सफल हो सका तो वह अपनी उस ऐतिहासिक सीमा के कारण जो उसकी सामर्थ्य भी थी। उसे अपनी हरेक अनुभूति को पुनर्जागरण प्रेरित नैतिक मानदण्डों और विचारधाराओं से गुजारना पड़ता था। वह प्रेमानुभूति

को रूढ़िबद्धता और शास्त्रीयता से मुक्त कराकर लाया, उसे वैयक्तिक भूमिका प्रदान की, जीवन्त बनाया, लेकिन अन्ततः उसे उसने दर्शन में तब्दील कर दिया। कहना चाहिए कि युगीन सीमाओं के चलते ही उसे अपनी अनुभूति से बिछुड़ना पड़ा, पार्थक्य बनाना पड़ा। छायावाद की निर्वैयक्तिकता (यदि इस पद का प्रयोग किया जा सकता है तो) कहना चाहिए कि एक विवशता थी, न कि सचेत रूप से स्वीकार किया हुआ कोई काव्यसिद्धान्त। आगे चलकर अज्ञेय ने निर्वैयक्तिकता के सिद्धान्त को सचेत रूप से स्वीकारा, लेकिन उनकी प्रेम कविताएँ इस सिद्धान्त को रचना के स्तर पर प्रतिफलित नहीं करती। इस तरह जिन्होंने नहीं चाहा उन्हें अपनी अनुभूति से अलग हटना पड़ा और जिसने भोगनेवाले प्राणी और रचनेवाली मनीषा में पार्थक्य का संकल्प लिया वह कभी भी इस पार्थक्य को निभा नहीं पाया। निष्कर्ष हम यह निकाल सकते हैं कि अज्ञेय का प्रेम सम्बन्धी काव्य छायावाद से यदि भिन्न है तो गैर-रोमाण्टिकता अथवा निर्वैयक्तिकता के कारण नहीं, बल्कि इस भिन्नता के स्रोत दूसरे हैं।

भारत में 'भावप्रवण प्रेम' ईसा की आरम्भिक शताब्दियों में रचित दरबारी काव्य और नाट्य में पहले-पहल प्रकट हुआ। इस काल को हिन्दू सभ्यता का क्लासिकीय युग भी कहते हैं। इससे पहले रामायण और महाभारत जैसे महाकाव्यों में प्रेम प्रायः सीधे-सीधे वासना और उसकी तृप्ति का विषय था।[3] ऐसा पुरुष के लिए अधिक था जिसके लिए स्त्री भोग का साधन अथवा इन्द्रियों का विषय थी (इन्द्रियार्थ)—अर्थात् अनेक भौतिक आवश्यकताओं में से एक। महाकाव्यों में विवाह का आदर्शीकरण किया गया लेकिन प्रमुखतः एक सामाजिक और आर्थिक कार्य के रूप में। दाम्पत्य-प्रेम और विवाह के दायरे में शुद्धता अथवा पातिव्रत्य की जिम्मेदारी भी स्त्री पर ही थी, जबकि पति पर पाबन्दियाँ कम ही थीं। पुरुष उस स्वर्ग के नीचे रहता था जिसमें खुला व्यभिचार चलता था—जहाँ कामुक देवता और अप्सराएँ रति सुख के खुले आदान-प्रदान में तल्लीन रहते थे। उस समाज का पुरुष काम सम्बन्धी मूल्यों के लिए इसी स्वर्ग से प्रेरणा पाता था जबकि स्त्रियों के लिए विधान अलग था। हिन्दू देवकुल ग्रीक ओलिम्पस से बहुत भिन्न नहीं था जिसमें नैतिकता के किसी आवरण के बगैर देवी देवता क्रीड़ा से लेकर राजनीति तक किया करते थे।

भारतीय समाज पर बौद्ध आधिपत्य निराशावादी जीवनदृष्टि लाया जिसके निकट प्रेम के देवता को 'मार' कहा गया जिसका अर्थ है 'मृत्यु'। किन्तु बौद्ध तत्त्व दर्शन भावातिरेकमय प्रेम के साहित्य के विकास के लिए विशेष अनुकूल न था। और साथ ही रत्यात्मक रहस्यवाद के चोर दरवाजे से भी 'प्रेम' साहित्य क्षेत्र में नहीं घुस पाया। थेरीगाथा में भिक्षुणियों की बुद्ध के प्रति पिता-पुत्री वाली वात्सल्य भावना है। मध्ययुग की ख्रीस्त भिक्षुणियों के भावोद्गारों में ईसा मसीह को एक सुन्दर और

युवा वर के रूप में कल्पित किया गया है। इस तरह की रति भावना बौद्ध धर्म के लिए अकल्पनीय थी।

लेकिन ईसा की पहली से लेकर सातवीं शताब्दी तक के बीच का समय काव्य और नाटक में 'प्रेम' की धारणा में आमूल-चूल परिवर्तन का काल था। इस काल के काव्य का केन्द्रीय विषय 'प्रेम' था जो दूसरी किसी भी भावना के ऊपर था। वह एक ओर तो गहन रूप से ऐन्द्रिक था तो दूसरी ओर स्त्री पुरुष के आपसी भाव-विनिमय से समृद्ध। स्त्री प्रेम के मामले में उतनी ही उत्साहित दिखायी गयी है जितना कि पुरुष और बहुधा प्रणय निवेदन उसी की ओर से होता है। पुरुष की छवि भी अब विजेता या औरत को बहलाने फुसलानेवाले के रूप में नहीं दिखायी जाती।

किन्तु संस्कृत क्लासिकीय काव्य और नाटकों में काम भावना अपनी प्रेरणा में आत्मरत्यात्मक है। इसमें भावप्रवणता की अपेक्षा भोग-विलास की प्रमुखता है। 'अहं' या 'निजता' को दाँव पर लगाने का खतरा इस प्रेम में नहीं है। यहाँ प्रेम की अनेकार्थता का प्रमुदित उपभोग है, प्रेमरस का आह्लादित आस्वादन है और साथ ही प्रेम की पीड़ा का परिपूर्ति तक पहुँचा हुआ परिष्कृत दंश भी।[4] कुछ महत्त्वपूर्ण अपवादों को छोड़कर प्रेम की प्रस्तुति मुख्यतः लघुरूपों (Miniatures) में हुई है। छोटे-छोटे छन्दों में प्रेम संवेगों को पकड़ने की कोशिश की गयी है। ये छन्द उत्कीर्ण रत्नों की भाँति हैं जो आकर्षक रतिक्षणों को विकीर्ण करते हैं। यहाँ महत्त्वपूर्ण है 'रस'। 'रस' का सम्बन्ध 'स्वाद' से है अर्थात् उपभोग का मनोविज्ञान ही यहाँ काम करता है। खास भावुक क्षण या 'मूड' के 'सारतत्त्व' को इस सिद्धान्त के तहत काव्यकार इस तरह विकसित करता है कि काव्य की दृष्टि से परिपक्व सहृदय के लिए आस्वाद्य हो। किसी मूड की तीव्रता को मनोवैज्ञानिक गहराई के माध्यम से नहीं, बल्कि ऐन्द्रिक ब्यौरों को इकट्ठा करके बढ़ाया जाता था। कवि आन्तरिक भावनाओं और बाह्य संवेदनों के बीच की सीमारेखा को धूमिल करते हुए प्रेम को किसी अतीन्द्रिय भाव के रूप में प्रतिष्ठित नहीं करता। क्लासिकीय काव्य में प्रेम प्रायः संवेदन के स्तर पर है; भावात्मक गहराई के स्तर पर उतना नहीं। विशिष्ट संवेदन या भावना की टीस शारीरिक भंगिमाओं में प्रकट करने की कोशिश की गयी है। 'गीतगोविन्द' के सन्दर्भ में बारबरा मिलर की टिप्पणी द्रष्टव्य है–

"भावावेग को मूर्त बनाने के लिए शारीरिक भंगिमाओं और व्यापारों के ऐन्द्रिक विवरण प्रस्तुत किये गये हैं। प्राकृतिक ऋतुओं के परिवर्तन और आन्तरिक भावनाओं के शारीरिक लक्षणों को गाढ़े रंगों में चित्रित करके भावाकुलता को गहरा किया गया है।"[5]

यदि मनोविश्लेषण की भाषा का इस्तेमाल किया जाय तो यौवनारम्भ में अपनी ही लैंगिकता के प्रति सचेत होने, अपनी ही कामुकता का आविष्कार करने की जो स्थिति होती है, वही इन काव्यों के केन्द्र में है। यहाँ 'अन्य' केवल उत्तेजना और आनन्द का स्रोत होता है जिसकी छवि शरीर और इन्द्रियों के लिए आह्लादकारक होती है। इसीलिए इन काव्यों में 'प्रेयसी' के शरीर सौन्दर्य का ब्यौरेवार और सम्यक् अन्वेषण होता है। किन्तु उसके आन्तरिक जीवन, उसके भूत और भविष्य में प्रवेश करने की जरूरत नहीं समझी जाती। यहाँ इसीलिए प्रेमभाव वैयक्तिक बनने से रह जाता है। आज जबकि क्लासिकीय भारतीय साहित्य से काल की इतनी दूरी पर हम अवस्थित हैं, जबकि हमारी संवेदना रोमाण्टिकता और व्यक्तिवाद से इतनी प्रभावित है, जबकि आत्मगत और वैयक्तिक के पक्ष में हमारा कुछ पूर्वाग्रह भी है, तब संस्कृत साहित्य का निर्वैयक्तिक विलासमय प्रेम भले ही इन्द्रियों के लिए तृप्तिदायक हो, हृदय को उस तरह से नहीं छू पाता। परवर्ती संस्कृत और तमिल प्रेम कविताओं में कोई विशेष पुरुष या स्त्री पात्र नहीं होते, बल्कि पुरुष और स्त्री मात्र होते हैं—शर्त सिर्फ यह है कि दोनों युवा और सुन्दर होने चाहिए। यह प्रवृत्ति स्पष्ट ही क्लासिकीय परम्परा के अवसान काल में अधिक रूढ़िगत होकर उभरी। कुल मिलाकर क्लासिकीय परम्परा में कामुक प्रेम (Erotic love) और भावनात्मक प्रेम (Passionate love) यह दोनों ही धाराएँ थीं। लेकिन पहली ही प्रधान थी जो काल के साथ प्रबलतर होती गयी। रूढ़िग्रस्त होती प्रेम भावना में भावोन्मेष के लिए स्थान लगातार कम होता गया। नखशिख, नायिका-भेद, ऋतुचक्र में संस्कृत साहित्य पतित होता गया। शरीर के ब्यौरे ही प्रेमकाव्य की मुख्य अन्तर्वस्तु बने। नायिका का चेहरा हरदम कमल या चन्द्र के समान, आँखें हरदम कुमुदिनी या मृगशावक जैसी बतायी जाती थीं। नायिका स्तन भार से थोड़ा झुककर चलती है। उसके अत्यन्त सुडौल, खिले स्तनों के बीच घास के तिनके भर की जगह नहीं। कटि एकदम क्षीण और तीन वलयोंवाली, नितम्ब गोल और जंघाएँ कदलीखम्भ की भाँति सुडौल और चिकनी। शरीर के अंगों का इस तरीके से परिपाटीबद्ध वर्णन प्रेम जैसे भाव का वस्तुकरण करता है। बिना आत्मदान, समर्पण या एकत्व की भावना के ही व्यक्ति कामोत्तेजना का आनन्द ले सके, तत्कालीन भद्र संस्कृति इस बात का अनुमोदन करती थी और संस्कृत का उत्तरकाव्य नारी के सौन्दर्य को वस्तुपूजा (Fetish) के स्तर तक उतार लाता है तो इसके कारण दरबारी संस्कृति में ही निहित हैं।

कुल मिलाकर भावना का जैसा उद्रेक प्रारम्भिक क्लासिकीय काव्य और नाटकों में है, वैसा परवर्ती में बिलकुल भी नहीं है। इसी क्रम से औरत की स्थिति

भी निम्न से निम्नतर होती जाती है। प्रेम में भावना का संसार जैसे-जैसे सिकुड़ता है, वैसे-वैसे औरत सिर्फ शरीर बनती जाती है। उसका व्यक्तित्व अपने आप में कुछ नहीं होता। कामुक प्रेम में औरत की स्थिति अनिवार्यतः नीचे होती है बहुत-कुछ सम्भोग के समय उसकी शारीरिक संस्थिति जैसी। लेकिन भावनात्मक प्रेम में उसे केन्द्रीय स्थान प्राप्त होता है। हिन्दी साहित्य में भक्तिकाल और छायावाद युग में भावुक प्रेम के उत्कृष्ट काव्य की रचना हुई और दोनों ही युगों के काव्यों में स्त्री को ऊँचा ओहदा प्राप्त था। संस्कृत साहित्य में प्रेम का जैसा निरूपण हुआ है उसका अत्यन्त संक्षिप्त खाका प्रस्तुत करना पड़ा है ताकि मध्यकालीन भक्ति और रहस्यवाद में लिपटी प्रणयभावना की विशिष्टता को समझा जा सके। हमारे समय में छायावाद प्रेम निरूपण की दृष्टि से भक्ति और रहस्य की धाराओं से अधिक प्रेरणा पाता है।

शास्त्रीय संस्कृत साहित्य के विषय में ए. एल. बाशम लिखते हैं—"आधुनिक भारत यूरोपीय सौन्दर्य भावनाओं से किस प्रकार गम्भीर रूप से प्रभावित हुआ है, जिसके द्वारा निर्णय किये जाने पर अधिकांश भारतीय शास्त्रीय साहित्य वस्तुतः कृत्रिम है। यह साहित्य प्रमुख रूप से गायन के लिए अथवा राजदरबार में अभिनय के लिए अथवा साहित्यिक परम्परा के कठोर नियमों में प्रवीण तथा शाब्दिक कल्पनाशक्ति के अधिक गुणग्राही, तुलनात्मक दृष्टि से विद्वत् वर्गों के छोटे-छोटे मण्डलों के लिए लिखा गया था। इन स्थितियों में इस साहित्य में क्लेर (Clare) के सदृश देशज वन्यपक्षियों के शब्द अथवा वर्ड्सवर्थ (Wordsworth) के समान नैसर्गिक रहस्यवाद की आशा करना निरर्थक होगा। कवि तुलनात्मक दृष्टि में गतिहीन समाज में रहते थे और उनका जीवन विस्तृत रूप में सामाजिक आचार समुदाय द्वारा जो पूर्व से ही प्राचीन था और जिसे धार्मिक स्वीकृति भी मिली थी, निगृहीत रहता था। वे सामाजिक पद्धति के विरुद्ध कभी विद्रोह नहीं करते थे अतः यहाँ कोई भारतीय शैले (Shelly) तथा स्विनबर्न (Swinburn) नहीं है। इस साहित्य का अधिकांश भाग समाज में अच्छी तरह ग्रथित तथा आधुनिक साहित्यिक व्यक्ति से सम्बन्धित भावनात्मक मनोवैज्ञानिक कठिनाइयों से मुक्त व्यक्तियों द्वारा लिखा गया है।"[6]

शास्त्रीय संस्कृत साहित्य की सामाजिक पृष्ठभूमि की यह उचित प्रस्तावना है। जैसे ही सामाजिक, आर्थिक मामलों में कवि विरोध या विद्रोह का स्वर बुलन्द करता है, वैसे ही प्रेम निरूपण में भी एक अलग कान्ति पैदा होती है। भक्ति आन्दोलन तत्कालीन भारतीय समाज की जड़ता के खिलाफ एक धार्मिक विद्रोह था। भक्त कवियों ने शास्त्रीय संस्कृत साहित्य और समूची भारतीय परम्परा से प्रतीक अलंकार

और छन्द जरूर लिये लेकिन उन्होंने भावनाओं की सीधी, स्वतःस्फूर्त और निजी अभिव्यक्ति का प्रयास किया, जो कि संस्कृत कवियों द्वारा आयाससिद्ध, चमत्कारपूर्ण और रसिकों के आस्वादन के लिए की गयी काव्याभिव्यक्ति से भिन्न थी। मध्यकालीन भक्ति काव्य में, कहना चाहिए कि, प्रेम की मनोवैज्ञानिक गहराइयों में उतरने का पहला महान् प्रयास हुआ। भक्ति स्वयं भगवद्विषयक रति ही तो है। इस भक्ति में परमात्मा से प्यार करने के लिए अश्मीकृत सामाजिक व्यवस्था के खिलाफ कवियों का विद्रोह व्याप्ति और असर दोनों में रोमाण्टिकों के विद्रोह से कहीं बड़ी चीज थी। जिस तरह प्रेमी प्रेमिका आपस में सीधा सम्बन्ध चाहते हुए अपने सम्बन्धों के बीच समाज के रीति-रिवाजों या बड़े-बूढ़ों की रोक-टोक नहीं चाहते, ठीक वैसे ही भक्तों ने भगवान् और अपने बीच के सीधे सम्बन्ध के बीच न तो संस्थागत धर्म को आने दिया और न ही पुरोहित जैसे बिचौलियों को। लेकिन भक्तिकाल सामाजिक व्यवस्था से भी ज्यादा मानसिक जकड़बन्दियों को ढीला करने में सफल हुआ। प्रेम का इसमें सर्वाधिक उपकार हुआ। कृष्णोपासक कवियों ने तो 'भगवद्प्रेम' और 'मानुष प्रेम' में भेद ही लगभग मिटा दिया। सूफियों ने मानुष प्रेम को ही इतनी ऊँचाई प्रदान की कि वह 'बैकुण्ठी' हो गया। कबीर जैसे सन्त साधकों ने अहं के विसर्जन के लिए दाम्पत्य रूपकों का सहारा लिया। दो किस्म के भक्तों ने दो किस्म का प्रेम किया—जहाँ सगुणोपासकों ने प्रेमी प्रिय (भक्त-भगवान्) की स्वतन्त्र सत्ता बनाये रखते हुए अनन्त (नित्य) अभिसार की कल्पना की, वहीं निर्गुणियों ने प्रेमी-प्रिय के अन्तिम ऐक्य की अभिलाषा की। छायावाद के कवियों ने भले ही रहस्यवादियों की तरह अज्ञात प्रियतम को टेरा, लेकिन उनका प्रेम रहस्यवाद की प्रकृति से मेल नहीं खाता जिसे चीह्नकर ही विज्ञों ने रहस्यवाद को छायावादियों के सन्दर्भ में एक झीना पर्दा बताया जिसके पीछे वे अपनी लौकिक प्रेमानुभूति को छिपाते थे। अनेकशः छायावादियों ने असीम प्रियतम से एकत्व की अपेक्षा विरह की ही माँग की। महादेवी के यहाँ मिलन को एकाकी बना देनेवाला बतलाया गया है जबकि विरह में प्राण अकेला नहीं, दुकेला होता है। इसीलिए विरह की ही स्थिति अधिक काम्य है—

"मिलन का मत नाम ले, मैं विरह में चिर हूँ।"

प्रसाद जी पर भी 'रहस्य' का असर कम न था। वे 'समरसता' के पुजारी थे, जगद्वन्द्वों का परिणय चाहते थे, लेकिन आँसू के आखिरी छन्दों में वे भी दुकेलेपन की ही कामना करते हैं—

मेरी अनामिका संगिनी
सुन्दर कठोर कोमलते
हम दोनों रहे सखा ही
जीवन पथ चलते-चलते!

दरअसल प्रेम की आधारभूत द्वन्द्वात्मकता यही है कि प्रेमीजन एकत्व चाहते हैं लेकिन जानते हैं कि वे दो स्वतन्त्र प्राणी हैं और जीवन रहते वे एक-दूसरे में सदा के लिए समा नहीं सकते। इसीलिए प्रेम की कई महान् कथाओं में मिलन मृत्यु के बाद ही सम्भव होता है चाहे वह हीर-राँझा की कथा हो या लैला-मजनूँ की। प्रेम और कुछ नहीं, बल्कि उस आदिम एकत्व को कुछ समय के लिए ही सही, हासिल करने का प्रयास है जो मनुष्य को माँ के गर्भ में अनायास प्राप्त था। किन्तु हमारे अलग-अलग शरीर और उन पर आधारित हमारे अलग-अलग व्यक्तित्व इस एकत्व के मार्ग में सबसे बड़ी बाधा हैं। व्यक्ति के रूप में हमारा विकास, हमारा अहं वस्तुजगत में इस एकत्व को असम्भव बना देता है। व्यक्ति के रूप में मनुष्य का विकास ही असीम एकत्व की इस आदिम अभिलाषा के खिलाफ पड़ता है। रतिक्रिया के माध्यम से वह प्रिय के साथ क्षणिक एकत्व प्राप्त करता है और अन्तराल में भावना की आँखों से एकत्व का स्वप्न देखता है। प्रेम की चरम निष्पत्ति यदि असीम एकत्व है तो प्रेम की इच्छा मृत्यु की इच्छा है। प्रेम स्वयं 'आत्मा' का उत्सर्ग है। अपनी चरम परिणति में प्रेम 'अहं' की बलि माँगता है। दूसरे शब्दों में प्रेम यहाँ 'मृत्यु' हो जाता है। प्रेम दो व्यक्तियों के बीच होता है। यदि दो व्यक्ति आपस में लय होकर एक हो गये तो फिर प्रेम किस-किस के बीच होगा? प्रेम में कम-से-कम दो की अपेक्षा होती है, इसीलिए प्रेमी-प्रिय मिलकर एक हो जायें यह स्वयं प्रेम को ही असम्भव बना देगा, भले ही बदले में मोक्ष सम्भव हो जाये। प्रेम का चरम लक्ष्य एकत्व प्राप्त करना है लेकिन स्वयं प्रेम ही द्वित्व पर आधारित है—यही प्रेम की भयानक विडम्बना है। भक्त कवियों को इस विडम्बना का सामना नहीं करना पड़ा था क्योंकि उनके दार्शनिक सिद्धान्त द्वित्व को असली नहीं मानते थे, बल्कि माया प्रसूत मानते थे। उनके लिए दो होने और एक होने में कोई पूर्वापर या कालक्रमिक सम्बन्ध नहीं था, बल्कि एक ही समय में माया के प्रभाव से जो एक है वह दो दिखता है अर्थात् प्रेमी अपने अलग वजूद को, अपने होने को ही झूठ मानता है और इस 'झूठ' का 'ज्ञान' होते ही वह प्रिय से मिल जाता है, एकत्व प्राप्त कर लेता है। यहाँ ज्ञान ही मुख्य है, भक्ति साधनरूपा है और अज्ञान की अवस्था में ही स्थित होने की द्योतक है। लेकिन दूसरी तरह के भक्त मानते थे कि ईश्वर लीला करता है। संसार उसकी लीला है और इस लीला में भक्त-भगवान् का अभिसार शामिल है। यहाँ 'नित्यता' की अवधारणा एक तरह से बेहद कुशल और व्यावहारिक 'प्रत्यय' है क्योंकि वह एकत्व बनाम द्वैत के विडम्बनात्मक पहलू से प्रेम को बचा ले जाती है। यहाँ जो काम्य है वह 'एकत्व' नहीं, बल्कि 'सान्निध्य' है। प्रिय में एकदम लय हो जाने की अव्यावहारिक जिद

प्रेमी छोड़ देता है और प्रेमी-प्रिय अपना पृथक्-पृथक् अस्तित्व रखते हुए अनन्त प्रेम करते हैं। लेकिन भक्तों के लिए 'नित्य लीला' का जैसा आश्वासन था, वैसा आज के मनुष्य के लिए नहीं। इसीलिए वह प्रेम की इस आधारभूत विडम्बना से बच नहीं पाता और उसके दंश से सदैव घायल महसूस करता है। हमारी परम्परा में कृष्ण का चरित्र और उनसे सम्बद्ध प्रेम प्रकरण इस 'नित्यता' की अवधारणा का सबसे सारगर्भित काव्योदाहरण है। राधाकृष्ण का आख्यान रहस्यवादियों के सम्पूर्ण एकत्व की अपेक्षा द्वैत पर आधारित सतत सान्निध्य का सुन्दर उदाहरण है और इसीलिए इस आख्यान में प्रेम जैसे महाभाव के व्यापक और गहरे चित्र पुंजीभूत हैं। मध्यकालीन रहस्यवादियों में एकत्व के बाद प्रेम और कविता दोनों का अन्त हो जाता है। उसके बाद जो बचता है वह सिर्फ दर्शन है। यदा-कदा प्रिय से मिलन तो नहीं, उसकी झलक मात्र का आह्लादकारी वर्णन मिल जाता है, लेकिन अधिकांश में एकत्वकामी रहस्यवादी काव्य 'विरह' का काव्य है, संयोग के दृश्य अत्यन्त कम हैं। इसके बरअक्स लीलाकाव्य के कवियों में चूँकि 'मिलन' में कोई अन्तिमता (Finality) नहीं है इसलिए मिलन और वियोग दोनों के मर्मस्पर्शी प्रसंगों की उद्‌भावना करने का उन्हें पर्याप्त अवकाश मिला है। इसीलिए यह कविता अत्यन्त मनोहारी और लोकप्रिय है। 'नित्य केलि' के सम्बन्ध में पहले ही कहा जा चुका है कि इसका आश्वासन मध्यकालीन भक्तों को भले ही रहा हो, आज के मनुष्य को नहीं है। आज के मनुष्य के लिए सम्भवतः कुछ भी नित्य नहीं है, कुछ भी ऐसा नहीं जो मृत्यु के बाद भी रह जाता हो। वह प्रेम करते हुए भी उसकी क्षणिकता से परिचित और परेशान है। कहा जाये तो रतिक्रिया के क्षणिक आनन्द का ही प्रक्षेपण आधुनिक मन प्रेममात्र पर कर बैठता है। उत्तेजना की चरम अवस्था पर पहुँचकर काम का आनन्ददायक तनाव समाप्त हो जाता है और इस तरह रतिक्रिया के माध्यम से प्राप्त सुख क्षणिक ही है। अनुश्रुतियों में राधा उस सतत कामोत्तेजना को प्रतीकित करती जान पड़ती है जिसका शमन स्खलन में नहीं होता। कृष्ण का एक नाम अच्युत है जिसका अर्थ है 'वह जिसका बीज पतित नहीं होता।' राधा और कृष्ण का प्रेम जब अलौकिक या कामरहित कहा जाता है तो इसका अर्थ सचमुच कामुकता का ऐकान्तिक अभाव नहीं, बल्कि चरमोत्तेजन या स्खलन का अभाव मात्र समझना चाहिए। कृष्ण जैसे 'रसिक शिरोमणि' का वीर्यपात क्यों नहीं होता? उड़ीसा की देवदासियों से लिये गये साक्षात्कारों के आधार पर नृतत्त्वविज्ञानी फ्रेडरिख मार्गलिन का कहना है कि "मुझे सूचना देनेवालों ने इसकी अनेक व्याख्याएँ दीं। पहली बात तो यह कि हमारे दिन-प्रतिदिन का अनुभव है कि काम-क्रीड़ा का आनन्द क्षणिक होता है। चरम उत्तेजना पर पहुँचकर आनन्ददायक रत्यात्मक तनाव समाप्त हो जाता है। इसके अतिरिक्त स्खलन के पश्चात् व्यक्ति

अपनी शक्ति खो देता है और बूढ़ा होता जाता है। इस संसार में आनन्द क्षणिक है और उस आनन्द के बदले सन्तान पैदा होती है जबकि दैवी क्रीड़ा में आनन्द निरन्तर बना रहता है और सन्तान भी नहीं पैदा होती। गोपियाँ गर्भ नहीं धारण करतीं...वीर्यपात का प्रेमेतर परिणाम होता है अर्थात् जन्म। कृष्ण की गोपियों के साथ कामक्रीड़ा का प्रेम बाह्य कोई उद्देश्य या परिणाम नहीं होता। यह प्रेम स्वतः सम्पूर्ण है।''[8]

इस प्रकार राधा और कृष्ण का प्रेम यों तो देखने में मनुष्यों के बीच का प्रेम है (आखिरकार यह लीला करने के लिए भी तो श्रीकृष्ण को मानव अवतार लेना पड़ता है), लेकिन इसकी 'नित्यता', 'अनन्तता' को स्थापित करने के लिए 'दिव्यता' का सहारा लेना पड़ता है। कृष्ण और गोपियों का नित्य अभिसार जातीय मानस की उत्कृष्ट फैण्टेसी है जिसके माध्यम से जनमानस अनवरत स्वतः सम्पूर्ण और गर्भधारण, सन्तानोत्पत्ति आदि जिम्मेदारियों से मुक्त स्वच्छन्द प्रेम की कामना को काव्यादि में मूर्त करता है। ऐसे प्रेम में 'चिन्ता नहीं, आशंका नहीं, भीति नहीं।'[9] अकारण नहीं कि आचार्य शुक्ल ने 'भ्रमरगीतसार' की भूमिका में सूरदास की स्वच्छन्द ब्रजसृष्टि के सन्दर्भ में शैली के सपनों के समाज को याद किया है। किन्तु यह फैण्टेसी और बात है। वास्तविक जीवन में प्रेम न तो इतना चिन्तारहित है और न ही स्वच्छन्द। प्रेम में जब एक पात्र स्वयं ईश्वर है तो असुरक्षा, क्षणिकता आदि की चिन्ता नहीं रहती। विशुद्ध लौकिक और मानवीय प्रणय इतना सुरक्षित नहीं। कोई भी मनुष्य श्रीकृष्ण और गोपियों की भाँति सतत कामोत्तेजना की अवस्था में नहीं रह सकता। स्खलन के साथ ही उसके क्षणिक आनन्द की सीमाएँ स्पष्ट हो जाती हैं, मानो प्रेम के मार्ग में रास्ता रोके स्वयं जैविकता ही खड़ी हो। कहने का तात्पर्य यह कि मध्यकालीन भक्ति के माध्यम से प्रेम की जैसी स्वच्छन्द, बाधारहित और निर्द्वन्द्व अभिव्यक्ति हुई, वह कल्पना के योग से मनुष्यमात्र की हृदयगत इच्छाओं को व्यक्त करने में सफल हुई। इन कवियों ने प्रेम के लौकिक स्वरूप में अन्तर्निहित द्वन्द्वों को न उतारकर कल्पना के उपकरणों से उसकी निर्बाध स्वच्छन्दता को ही काव्य का विषय बनाया। आधुनिक काल में प्रेमचन्द जैसा गद्यकार जब प्रेम को उस खूँखार बाघ से उपमित करता है जो अपने शिकार पर दूसरे की निगाह भी नहीं पड़ने देता तो मानो वह प्रेम सम्बन्धी हमारे उसी संस्कार को आघात देता है जिसे रोमाण्टिकता पुष्ट करती है।

प्रेम में एकत्व और द्वैत के जिस द्वन्द्व की चर्चा पहले की गयी है, उसके साथ-साथ दूसरे द्वन्द्व भी लगातार चलते रहते हैं जैसे अधिकार कामना और आत्मार्पण का द्वन्द्व। प्रेमी प्रिय पर अधिकार भी चाहता है और उसके प्रति स्वयं को समर्पित भी करता है। पुरुष द्वारा नारी को अपने वीर्य का अर्पण समर्पण के प्रसंग में प्रतीकात्मक महत्त्व रखता है। वास्तविक जीवन में यह अधिकार कामना

तमाम तरह के संघर्षों को जन्म देती है, लेकिन ब्रजवासी गोपियाँ कभी भी श्रीकृष्ण पर एकाधिकार पाने के लिए एक-दूसरे की दुश्मन नहीं बनतीं। वे परस्पर सखियाँ ही बनी रहती हैं। रोमाण्टिक काव्य चाहे वह भक्ति के आवरण में प्रकट हो अथवा सीधे ही, अधिकार कामना (Possessiveness) और उससे उत्पन्न संघर्षों से अपने प्रेमभाव को बचाना चाहता है और इस प्रक्रिया में कभी-कभी अशरीरी हो जाता है क्योंकि अधिकार कामना की बुनियाद 'शरीर' में ही है। सम्भोग के क्षणों में प्रेमी-प्रिय एक-दूसरे के शरीरों पर पूरा अधिकार चाहते हैं। यही अधिकार की कामना बाद में भाव का दर्जा प्राप्त करके समूचे प्रेम में परिव्याप्त हो जाती है। जहाँ पुरुष के लिए अधिकार प्रयोग शरीर के स्तर पर अधिक सम्भव होता है, वहीं नारी उसे सूक्ष्म भावानात्मक स्तर पर प्रयोग करती है। दूसरे शब्दों में कहा जाय तो पुरुष जिस तरह नारी के शरीर से खेलता है, नारी वैसे ही उसकी भावना के साथ खेलती है। प्रेम के इस आयाम का विरोध आत्मदान या समर्पण से है जो कि प्रेम भावना की परिपक्वता का सूचक है। प्रेम में सारी सीमाओं से ऊपर उठने का भाव प्रेमियों को अपने 'अहं' को अतिक्रान्त करने की प्रेरणा देता है। 'रहस्यवाद' और 'प्रेम' में 'अहं' को अतिक्रान्त करने को लेकर समानता है। रोमाण्टिक काव्य में रहस्यात्मकता बहुत-कुछ 'अधिकार कामना' को कम करने और अहं की निष्कृति के लिए लायी जाती है। 'अधिकार कामना' और उससे जुड़ी ईर्ष्या, भय, आक्रमण आदि की वृत्तियाँ रोमाण्टिक काव्य के स्वच्छन्द यूटोपियन जगत् में बहुधा नहीं दिखतीं और न ही इनका कोई स्थान भावनात्मक रहस्यवाद में मिलता है जहाँ 'पाने' की जगह 'खोने' का भाव ही मुख्य होता है। अपने अहं को, स्वयं को विराट् में खो देने का भाव ही यहाँ प्रमुखता पाता है।

'प्रेम में हिंस्रता' की ओर अनेक आधुनिक चिन्तकों ने इशारा किया है। मान्यता यह है कि 'काम' के अतिरिक्त 'आक्रामकता' (Aggression) भी मूल संवेग है। फ्रायड के अनुसार 'मृत्यु की वृत्ति' (Death instinct) जो अहं की ओर मुड़ी होती है उसे ही व्यक्ति जब बाहर दूसरों की ओर मोड़ देता है, वह हिंसा के रूप में प्रकट होती है। इस हिंसा का भागी प्रियपात्र को भी होना पड़ता है। 'प्रेम' और 'हिंसा' आपस में मिलकर एक भयानक घोल तैयार करते हैं। ऐसे में प्रियपात्र को पीड़ित करने (Sadism) और स्वयं पीड़ित होने (Masochism) में मज़ा आता है। सार्त्र की मान्यता है कि रति क्रिया में दूसरे को अपने वश में करने की वृत्ति ही मुख्य होती है। प्रेम में हिंसा का मिला होना रोमाण्टिकों को तो अस्वीकार्य है, किन्तु क्लासिकीय काव्य में कुछ उदाहरण अवश्य मिल जाते हैं। प्रेम में आत्म-तृप्ति के लिए आक्रामक होना प्रेम के जटिल विरोधाभासों में से एक है। कोई संस्कृत कवि यदि आसन्न सम्भोग के क्षण में नायिका को रोमांचवश काँपता दिखलाता है, तो यह कम्पन भय और काम दोनों को दर्शाता है।

अज्ञेय की प्रेम-कविता परम्परा से सातत्य और विच्छेद दोनों प्रकार के सम्बन्ध रखती है। ऊपर हम प्रेम के उन द्वन्द्वों की चर्चा कर आये हैं जो प्रायः हमारी परम्परा के लिए विजातीय हैं लेकिन अज्ञेय के काव्य में विद्यमान हैं। अज्ञेय के यहाँ प्रेम प्रमुखतः विडम्बना बन कर आता है। प्रेम की द्वन्द्वात्मकता (Dialectics) हिन्दी में उनकी ही कविता में आकार ग्रहण करती है। एकत्व और द्वैत, अहं और आत्मदान, पाना और खोना, प्रेम और हिंसा, अज्ञेय के काव्य में इन सबकी सहोपस्थिति उनकी प्रणयानुभूति को विडम्बनात्मक (Paradoxical) और द्वन्द्वात्मक (Dialectical) आयाम देती है, उसे दुविधात्मक बनाती है। इन पक्षों का जहाँ और जितना निर्वाह अज्ञेय के काव्य में हुआ, वहाँ और उतनी दूर तक वे आधुनिक हैं। परम्परा से प्राप्त रोमाण्टिक तत्त्व भी उनकी प्रणयानुभूति में खूब घुले-मिले हैं जिन्हें प्रायः उन्होंने छायावाद से निकटता और संस्कृत के क्लासिकीय काव्य के अनुशीलन से भी अर्जित किया है। एक अन्य स्रोत अंग्रेजी, फ्रांसीसी और जर्मन रोमाण्टिक कवियों का अध्ययन है। एक ओर निर्बाध, स्वच्छन्द, भयरहित प्रेम है तो दूसरी ओर असुरक्षा, शंका और दुविधा में लिपटा हुआ। इसमें पहले का सम्बन्ध कवि के संस्कार से है, उसकी परम्परा से है। अज्ञेय की प्रेम सम्बन्धी कविताओं का दूसरा रूप अर्थात् विडम्बनात्मक भावबोध की प्रेम कविताएँ बहुत दूर तक उनके परवर्ती काव्य में चली आती हैं, लेकिन उनके उत्तर काव्य विशेषतः 'रहस्य' से सम्बन्धित कविताओं को पढ़कर आभास होता है कि जैसे रोमाण्टिक भावबोध की कविताएँ उन कविताओं की पूर्वज हैं। अज्ञेय की रोमाण्टिक कविताएँ उनकी परवर्ती रहस्य कविताओं में प्रमुखता पानेवाली अनेकों वृत्तियों का आरम्भिक कोषागार हैं। आत्मभाव को भुलाना, पूर्ण समर्पण, ससीम-असीम का तनाव, मौन आदि विषय प्रणयानुभूति से सम्बद्ध होकर पहले ही आते रहे हैं। बाद की कविताओं में वैयक्तिक प्रणयानुभूति का सन्दर्भ गायब हो जाता है लेकिन भाव रह जाते हैं। यही भाव ज़ेन आदि रहस्यधाराओं से सम्पर्क प्राप्त करके कौंध के साथ सूक्तिमय अभिव्यक्ति प्राप्त करते हैं। प्रेम की इस विडम्बना का जिक्र पहले किया जा चुका है कि इसमें खोने और पाने का द्वन्द्व है। एक तरफ आत्मविस्मृत होकर अपने अस्तित्व को प्रेमी खो देना चाहता है तो दूसरी ओर प्रिय पात्र को पाना चाहता है, उस पर एकाधिकार जमाना चाहता है। अज्ञेय की आरम्भिक कविताओं में यह समस्या खूब उभरी है। एक कविता में दोनों परस्पर-विरोधी आकांक्षाएँ व्यक्त हुई हैं—

हा, कि मैं खो जा सकूँ
हा, कि उसके भाल पर अवतंस पद मैं पा सकूँ

हा, कि उसके हृदय पर एकाधिकार जमा सकूँ
टूट कर उसके करों, चिर-ज्योति में सो जा सकूँ
हा, कि उसके चरण छूकर आत्मभाव भुला सकूँ।[10]

किन्तु इस दुविधा का समाधान अज्ञेय प्रायः परम्परा से प्राप्त संस्कार द्वारा करना चाहते थे और वह था अहैतुक समर्पण का पक्ष। प्रायः उस समय की कविताओं में उन्होंने 'अधिकार कामना' को छोड़कर 'आत्मदान' की बात लिखी, हालाँकि साथ की दूसरी कविताओं में इसके विपरीत भाव भी प्रकट होते रहे। लेकिन धीरे-धीरे यह भाव कि खोने में ही पाना निहित है, प्रभावी होता गया। जो खो नहीं सका, समर्पण नहीं कर सका, वह पायेगा भी तो भला क्या? प्रेम में खोना ही पाना है। यही भाव बाद में 1958 की कविता 'प्राप्ति' में इस तरह आया–

''स्वयं पथ भटका हुआ
खोया हुआ शिशु
जुगनुओं को पकड़ने को दौड़ता है
किलकता है
पा गया। मैं पा गया।''[11]

(अरी ओ करुणा प्रभामय)

लेकिन यहाँ प्रेम का सन्दर्भ गायब है। यहाँ एक 'जीवन-सत्य' अन्तर्दृष्टि की कौंध के रूप में प्रकट हुआ है और पाठक को अन्दाज़ भी नहीं लगता कि वर्षों पहले की कोई अनुभूति ही वेश बदलकर आयी है। पढ़नेवाले को यह अचानक पाया हुआ सत्य मालूम देता है। अज्ञेय प्रणयानुभूति से दार्शनिक अनुभूति तक का रास्ता मन्थर और सहज गति से तय करते हैं। वे छायावाद के वैयक्तिक प्रणय को और व्यापक बनाने के बाद ढेर सारे अन्य आयाम जोड़ने के बाद धीरे-धीरे 'दर्शन' और 'रहस्य' की ओर मुड़ते हैं। उनकी वे कविताएँ जो 'अन्तर्दृष्टि के कणों' से निर्मित हैं उन्हें प्रेम कविता नहीं कहा जा सकता। उनका रहस्यवाद भावनात्मक रहस्यवाद नहीं है जिसमें प्रेम का समावेश हो, लेकिन उसकी पृष्ठभूमि में प्रेम के अनुभव अवश्य हैं जो लम्बे काल तक कवि व्यक्तित्व में रचने पचने के बाद अपनी मुखरता और दंश और साथ-ही-साथ वैयक्तिक आग्रह खो बैठे हैं।

छायावाद जैसा रहस्यवाद अज्ञेय की कुछ आरम्भिक कविताओं में ही पाया जा सकता है जहाँ वह प्रेम के साथ घुला-मिला है और गहन रूप से भावनात्मक है–

''परिचय, परिणय के बन्धन से भी घेरूँ मैं तुमको क्यों?
सृष्टि मात्र के वांछनीय सुख! मेरे भर हो जाओ क्यों?

अनिर्णीत! अज्ञात! तुम्हें मैं टेर रहा हूँ बारम्बार
मेरे बद्ध हृदय में भरा हुआ है युगों-युगों का भार।"[11]
विश्व नगर में कौन सुनेगा मेरी एक पुकार
रिक्त भरे एकाकी उर की तड़प रही झंकार
अपरिचित! करूँ तुम्हें क्या प्यार?[12]

अज्ञेय की बहुत आरम्भिक कविताओं में खासकर 'चिन्ता' की कविताओं में कई जगह 'अनन्त प्रेम' और जन्म-जन्मान्तर के परस्पर साथ की इच्छा बहुत हद तक 'भक्ति' की अनुगूँज लिये हुए है। भक्तिकाल में 'प्रेम' की नित्यता का यहाँ आभास स्पष्ट है, बावजूद इसके कि कवि बीसवीं शताब्दी के चौथे दशक में लिख रहा था–

"हमारा-तुम्हारा प्रणय इस जीवन की सीमाओं से बँधा नहीं है।

इस जीवन को मैं पहले धारण कर चुका हूँ।

मैं देखता हूँ, तुम मेरी अनन्त प्रणयिनी हो। इतना ही नहीं, मैं इससे भी आगे देख सकता हूँ। प्रत्येक जीवन में तुम आती हो, इस अप्राप्त निधि की तरह मेरी आँखों के आगे नाच जाती हो, और फिर लुप्त हो जाती हो–मैं कभी तुम्हें पहुँच नहीं पाता।

मैं जन्म-जन्मान्तर की अपूर्ण तृष्णा हूँ, तुम उसकी असम्भव पूर्ति।"[13]

या फिर कवि जातीय मानस के किसी पुराने स्वप्न को दुहराता है। गोचारण और ब्रजमण्डल के परिवेश की पुनः कुछ अलग-सी कल्पसृष्टि करता है–

"तुम गूजरी हो, मैं तुम्हारे हाथ की वंशी।

तुम्हारे श्वास के एक कम्पन से मैं अनिर्वचनीय माधुर्य भरे संगीत में ध्वनित हो उठता हूँ।

ये गायें हमारे असंख्य जीवनों के असंख्य प्रणयों की स्मृतियाँ हैं।

वंशी की ध्वनि सुनते ही ये मानो किसी भूले हुए संगीत की झंकार सुनकर चौंक उठती हैं।

तुम और मैं मिलकर इस छोटे से मण्डल को पूरा करते हैं। तुम्हारी प्रेरणा से मैं ध्वनित हो उठता हूँ, और इस ध्वनि की प्रेरणा से हमारी चिरन्तन प्रणय कामनाएँ पूरीकरण में लीन हो जाती हैं।"[14]

स्वच्छन्द प्रेम का स्वप्नलोक मनुष्य अपने क्षुद्र मर्त्य अस्तित्व से ऊपर उठने के लिए रचता है। इस लोक में वह सम्पूर्ण स्वाधीनता भोगना चाहता है, अनन्त विलास करना चाहता है और अपनी तमाम सीमाओं का अतिक्रमण करके असीम अनन्त के क्षेत्र में विचरना चाहता है। लोकलाज के बन्धन तो वह तोड़ता ही है,

कभी-कभी प्रकृति के बन्धनों को भी तोड़ डालता है। कृष्ण पुरुष है और राधा स्त्री—यह भी बन्धन ही है। क्यों नहीं कृष्ण स्त्री हो सकते और राधा पुरुष? सूरदास यह बन्धन भी तोड़ डालते हैं। सन्त ज्ञानेश्वर कृष्ण को माँ मान लेते हैं। नरसी मेहता, नाम्मलवार और कबीर पुरुष होते हुए भी स्त्री के दृष्टिकोण से प्रेम को समझते-समझाते हैं और 'चिन्ता' के दो खण्ड 'विश्वप्रिया' और 'एकायन' में अज्ञेय उत्तम पुरुष में क्रमशः पुरुष और स्त्री के दृष्टिकोण से प्रेम का काव्य लिखते हैं। लैंगिकता तक की सीमा का अतिक्रमण कवि अपनी कल्पना में कर डालता है। अज्ञेय ने जो बराबर 'सर्वतोन्मुखी विद्रोह' की चर्चा की है, वह भावजगत में ही सम्भव है और प्रेम ही उसका वाहन है, बहुत कुछ भक्ति काव्य जैसा, बहुत कुछ छायावाद जैसा। लेकिन वे बहुत दिनों तक स्वप्नशील नहीं रह सकते, कठोर वास्तविकता के आघात से जागते हैं और जागते ही सन्देह और सीमितता, भय और बन्धन उन्हें घेर लेते हैं। उन्हें जिस अनन्त की खुमारी है वही 'माया' लगने लगता है और स्वप्नभंग उन्हें अपने पूर्ववर्तियों से अलग भी करता है।

सन्दर्भ-सूची

1. केदारनाथ सिंह—आरम्भिक कविताएँ, विश्वनाथ प्रसाद तिवारी सम्पादित 'अज्ञेय', नेशनल पब्लिशिंग हाउस, 1978, पृ. 301.
2. अज्ञेय : सदानीरा, नेशनल पब्लिशिंग हाउस, 1986, (भाग-1) पृ. 169.
3. Sudhir Kakar : Tales of love, Sex and Danger John M. Ross (Oxford University Press, 1992, Pg. 83)
4. वही, पृ. 84.
5. Barbara Miller : Love Song of the Dark Lord : Jayadeva's Gitagovinda, (Columbia University Press, 1977, Pg. 15)
6. ए. एल. बाशम : अद्भुत भारत
7. जयशंकर प्रसाद : आँसू, प्रसाद प्रकाशन, वाराणसी, 1986, पृ. 95.
8. Fredrique Marglin, quoted in 'Tales of Love, Sex and Danger', Pg. 89.
9. आचार्य हजारीप्रसाद द्विवेदी—सूरदास की राधा, हरवंश लाल शर्मा सम्पादित 'सूरदास', राधाकृष्ण प्रकाशन, 1985, पृ. 196.
10. सदानीरा, (भाग-1) पृ. 5.
11. सदानीरा, (भाग-1) पृ. 44.
12. सदानीरा, (भाग-1) पृ. 17.
13. वही पृ. 27.
14. वही, पृ. 27.

————

2

पहला दौर :

भग्नदूत, चिन्ता और इत्यलम् की कविताएँ

अज्ञेय की कविताओं का पहला दौर 'भग्नदूत' (1933), 'चिन्ता' (1942) और 'इत्यलम्' (1946) की कविताओं से मिलकर बना है। काल की दृष्टि से लगभग 13 साल और संख्या की दृष्टि से लगभग 300 कविताएँ इस दौर में लिखी गयीं जिसमें लगभग पौने दो सौ कविताएँ अकेले 'चिन्ता' में ही संगृहीत हैं। यह सांख्यिकी ज्यादा कुछ नहीं तो कम-से-कम इतना अवश्य बताती है कि अज्ञेय की रचनायात्रा में यह दौर आरम्भिक ही नहीं, वरन् लम्बा है और उनके समग्र 'भावबोध' की निर्मिति में महत्त्वपूर्ण स्थान रखता है। इस दौर की कविताओं की कई बार उपेक्षा की जाती रही है, शायद इसलिए कि अज्ञेय का वास्तविक मिजाज गैर-रोमाण्टिक सिद्ध करने में ये कविताएँ ज्यादा मदद नहीं करतीं। डॉ. रामस्वरूप चतुर्वेदी का मानना है कि ''भग्नदूत' (1933), 'चिन्ता' (1942) और 'इत्यलम्' (1946) की कुछ निष्क्रिय-सी भटकन के बाद 'हरी घास पर क्षण-भर' (1947) में अज्ञेय का वास्तविक कवि रूप उभर कर आता है।'[1]

यह 'निष्क्रिय-सी भटकन' स्वयं सर्जक के लिए भी उतनी निष्क्रिय थी या नहीं इसकी थोड़ी पड़ताल अपेक्षित है। काल की दृष्टि से और भावबोध की दृष्टि से भी 'भग्नदूत', 'चिन्ता', 'इत्यलम्' की कविताएँ **शेखर : एक जीवनी** उपन्यास से करीबी रिश्ता रखती हैं। प्रेम और उसकी पीड़ा, व्यक्तित्व निर्माण में प्रेम की भूमिका, आसन्न मृत्यु का आभास जिससे प्रेम की लौ और धधक पड़ती हो, ये सारी ही बातें इन काव्य संग्रहों और **शेखर : एक जीवनी** में समान रूप से उपस्थित हैं। कविता से मिले साक्ष्य के आधार पर यह कहना कदाचित् गलत न होगा कि शेखर उसी तरह अज्ञेय की कुछ निगूढ़ मनोवृत्तियों का प्रतिनिधित्व करता है जैसा कि मनु प्रसाद की। (वैसे भी एलियट का आदर्श शेखर की रचना में उनसे निभ नहीं सका है। यह स्वयं अज्ञेय ने ही स्वीकारा है) **'शेखर : एक जीवनी'** तथा 'भग्नदूत', 'चिन्ता', 'इत्यलम्' की कविताएँ अपने सर्जक के व्यक्तित्व से बहुत गहरे जुड़ी हुई हैं। ऐसे में शेखर के रोमाण्टिक विद्रोह को अर्थवान् और सृजनात्मक

बताते हुए 'चिन्ता', 'इत्यलम्' आदि की कविताओं को 'निष्क्रिय भटकन' के रूप में रेखांकित करना अन्तर्विरोधी बात है। अज्ञेय के व्यक्तित्व और कृतित्व में जैसी युगनद्धता इस दौर में सम्भव हुई है, वह बाद के दौर में दुर्लभ है। यह अवश्य है कि इस दौर की रचनाओं की संवेदना इनके शिल्प और भाषा से आगे चलती है, परिणामस्वरूप रूप वस्तु से पिछड़ जाता है। ऐसे में 'निष्क्रिय भटकन' यदि शिल्प के बारे में की गयी टिप्पणी है तब तो समझी भी जा सकती है क्योंकि अज्ञेय जैसे टेक्नीक के मामले में असाधारण कौशल रखनेवाले कवि के लिए सचमुच उस दौर की कविताओं का शिल्पगत महत्त्व कुछ नहीं है। लेकिन भावबोध के स्तर पर ये कविताएँ अज्ञेय की काव्ययात्रा के महत्त्वपूर्ण दस्तावेज हैं। इन संक्रमणकालीन कविताओं में कवि अवश्य ही अपनी संवेदनाओं के लिए सही रूप, सही अभिव्यक्ति की तलाश में भटकता है, लेकिन यह भटकाव बहुत कुछ भावप्रेरित है, बहुत कुछ विकसनशील संवेदना की माँग से परिचालित है। बरबस ही शेखर की बात याद आती है—"और तब दीखता है कि मेरी भटकन में भी एक प्रेरणा थी, जिसमें अन्तिम विजय का अंकुर था, मेरे अनुभव वैचित्र्य में भी एक विशेष रस की उपभोगेच्छा थी जो मेरा निर्देश कर रही थी।"[2] शेखर की भी चिन्ता यही थी कि उसके व्यक्तित्व को कोई सार्थक अभिव्यक्ति मिल जाये, उसकी जीवन यात्रा को एक संगत परिणति मिल जाये। यह मिली या नहीं मिली—महत्त्व इसका नहीं, वरन् इसका है कि एक प्रेरणा थी जो उसकी भटकन में भी मौजूद रही और इसीलिए यह भटकन न तो निरुद्देश्य थी और न ही निष्क्रिय। 'चिन्ता', 'इत्यलम्' आदि में संगृहीत कविताएँ भी इसी भटकन का चित्र उपस्थित करती हैं लेकिन उनके पीछे की प्रेरणा ही मुख्य है और उस प्रेरणा की पहचान की जरूरत है। विशेष रूप से तब जबकि अज्ञेय की लम्बी काव्ययात्रा में उसकी परछाइयाँ हरदम पीछा करती रहीं।

इस दौर की कविताओं का विशेष महत्त्व निश्चित ही इस दृष्टि से है कि छायावाद और उत्तर-छायावाद से इन कविताओं का एक सम्बन्ध है—वस्तु और रूप दोनों स्तरों पर जो कि 'अनुकरण' से शुरू होता है और इस दौर का अन्त होते-होते 'विच्छेद' में बदल जाता है। पाश्चात्य अर्थों में आधुनिकता रोमान के खिलाफ खड़ी होती है। हिन्दी कविता में रोमाण्टिकता से आधुनिकता की ओर संक्रमण का महत्त्वपूर्ण दस्तावेज अज्ञेय की इस दौर की कविताएँ हैं। अनेक कविताओं में रूपबन्ध और शब्दशिल्प प्रसाद और महादेवी जैसा लगता है किन्तु ज्यादातर यह आभास हो जाता है कि कवि का 'ज्ञानात्मक संवेदन' अपने महान् अग्रजों से थोड़ा भिन्न है और अग्रजों की दी हुई मानकीकृत काव्यशैली अभिव्यक्ति को कुछ सीमित

कर रही है। कवि इस समस्या का निराकरण गद्यगीत के ढाँचे को अपनाकर अपने ढंग से करना चाहता है। 'चिन्ता' के ढेर सारे गद्यगीत ऐसे ही प्रयोग हैं। पिछले अध्याय में छायावादी प्रेमानुभूति की एकायामिता की चर्चा हुई है, अज्ञेय के इस दौर के काव्य में 'प्रेम' की केन्द्रीयता, भावों के ब्यौरे के प्रति कवि का लगाव और सबसे बढ़कर प्रेम की आधारभूत विडम्बना का साक्षात्कार अज्ञेय को छायावाद से अलग इस दौर में भी करता है।

डॉ. रमेशचन्द्र शाह के शब्दों में, "चिन्ता की कविताएँ जीवन्त आवेग की सच्चाइयों को, अनुभव के तथ्यों को पकड़ती हैं, महज भाव-कल्पना की छायाओं को नहीं।"[3] गद्य गीतों में विशेष रूप से यह 'अनुभव के तथ्य' प्रकाशित हुए हैं जबकि गीतिकाव्य में 'भाव कल्पना की छायाओं' से सम्बन्ध ज्यादा जुड़ा है। अज्ञेय की इस दौर की कविताओं में 'प्रेम-भाव' का वैशिष्ट्य निरूपित करने से पहले उनके पूर्ववर्ती छायावादी और समकालीन उत्तरछायावादी कवियों का प्रभाव भी देख लेना होगा। पूर्ववर्तियों में वे सर्वाधिक जयशंकर प्रसाद से जुड़े हैं और वह भी सिर्फ शिल्प नहीं बल्कि भावबोध के स्तर पर भी। विजयदेव नारायण साही की स्थापना कि "प्रसाद अनुभूति को दर्शन में घुलानेवाले कवि हैं, जबकि अज्ञेय ने दर्शन को अनुभूति में घुलाने की राह निकाली" अवश्य ही अज्ञेय की काव्य-रचना प्रक्रिया को समग्रता में समझने की दृष्टि से महत्त्वपूर्ण है, किन्तु अत्यन्त आरम्भिक कविताओं में अज्ञेय ने भी प्रसाद की भाँति ही 'अनुभूति को दर्शन में घुलाने' की कोशिश की है। सिर्फ उषा और सन्ध्या के बेशुमार चित्र, आकारान्त स्त्रीलिंग सम्बोधनों को एकारान्त बना देना, वेदना व्योम में स्मृति घन बरसने जैसा माहौल और पक्षी, सन्ध्यातारा, आँसू, निर्झर, सूना आकाश, द्वीप और टूटते तारे आदि का बिम्ब ही दोनों की कविताओं में समान नहीं है, वरन् कुछ कविताएँ अवश्य ही प्रसाद के सीधे प्रभाव को सूचित करती हैं। 'चिन्ता' की एक कविता में प्रयुक्त 'क्षितिज की सन्धि रेखा पर धरती आकाश के मिलन' का बिम्ब प्रसाद के एक प्रसिद्ध गीत की याद श्री रमेशचन्द्र शाह को दिलाता है और वे उसे उद्धृत भी करते हैं—

"तुम हो कौन और मैं क्या हूँ
इसमें क्या है धरा, सुनो
मानस जलधि रहे चिर-चुम्बित
मेरे क्षितिज, उदार बनो।"

(प्रसाद)

ये पंक्तियाँ बिम्ब सादृश्य के कारण भले ही 'चिन्ता' की कविता सं. 95 (विश्वप्रिया खण्ड) से मेल रखती हों लेकिन भाव के स्तर पर 'चिन्ता' की ही तीसरी कविता की इन पंक्तियों से उनका सम्बन्ध जुड़ता है—

"परिचय, परिणय के बन्धन से भी घेरूँ मैं तुमको क्यों?
सृष्टिमात्र के वांछनीय सुख! मेरे भर हो जाओ क्यों?"[4]

छायावाद का आरम्भ जब हुआ था तब 'परिचय' पाना, प्रेमी-प्रिय का एक-दूसरे को जानने का कौतूहल ही प्रमुख था। तमाम ऐतिहासिक कारणों से प्राप्त सामाजिक स्वाधीनता और उससे उत्पन्न वैयक्तिकता का यह स्वाभाविक परिणाम था। हरेक कवि प्रश्नवाचक 'कौन?' से तमाम कविताओं और छन्दों की शुरुआत करता था। 'पल्लव' में चाहे पन्त जी प्रश्न पूछते हों या कामायनी में 'कौन तुम संसृति जलनिधि तीर' से मनु-श्रद्धा संवाद शुरू होता हो, सभी जगह आगन्तुक का परिचय पाने, उसे जानने-समझने और फिर साहचर्य विकसित करने के प्रयास हैं। "इस प्रथम परिचय में धीरे-धीरे साहचर्यजन्य प्रगाढ़ता आने लगती है, फिर भी एक-दूसरे के प्रति एक तरह का रहस्य अनुभव होता है। परस्पर समीप जाते हुए भी कहीं कुछ कमी मालूम होती है। जितना ही एक-दूसरे को जानते जाते हैं, उतने ही अज्ञेय प्रतीत होते हैं। सामान्य परिचय में एक नये ढंग के रागात्मक कुतूहल का उदय होता है...यह आधुनिक युग के विकसित मन की क्रिया है, और इसलिए आधुनिक युवकों और युवतियों के प्रणय सम्बन्ध अथवा परिचय के विकास क्रम में ही मिल सकती है।"[5] छायावाद की उपलब्धि यह परस्पर परिचयजनित प्रगाढ़ता थी जिसे प्रसाद जी ने कालान्तर में त्याग दिया। जब वे कहते हैं कि 'तुम हो कौन और मैं क्या हूँ, इसमें क्या है धरा, सुनो' तो वे इस अन्तरंग परिचय का प्रत्याख्यान कर रहे होते हैं, वे अनुभूति को दर्शन में घुला रहे होते हैं और आगे चलकर 'परिचय परिणय के बन्धन से भी घेरूँ मैं तुमको क्यों?' कहकर अज्ञेय भी प्रसाद की राह पकड़ते दिखायी देते हैं। यह वैयक्तिकता का स्पष्ट परित्याग है, वही वैयक्तिकता जो छायावाद की स्वस्थ सामाजिकता की अनिवार्य शर्त थी। 'सृष्टिमात्र के वांछनीय सुख! मेरे भर हो जाओ क्यों?' एक तरह की मंगलकामना भले हो, उसमें अनुभव की ऊष्मा नहीं है। प्रसाद के परवर्ती काव्यों का अन्त प्रायः इसी मंगलकामना से होता है, काव्य की दृष्टि से जिसे बहुत सराहा कभी नहीं गया है। सन्तोष की बात लेकिन यह है कि अज्ञेय में यह खास प्रक्रिया बहुल आगे न जाकर दब जाती है। प्रसाद की भावभूमि से अज्ञेय के आरम्भिक काव्य के अनेकविध सम्बन्ध के सन्दर्भ में रमेशचन्द्र शाह की टिप्पणी महत्त्वपूर्ण है–

"अज्ञेय की 'चिन्ता' प्रसाद की 'चिन्ता' न हो, किन्तु वह उससे अनिवार्य रूप से जुड़ी हुई है। वह भी 'अन्तस्तल में फूट जगानेवाली' है। वह भी 'अरी हृदय की तृषित हूक-उन्मत्त वासना हाला' करके सम्बोधित की गयी है। 'चिन्ता' का कवि अपनी पुंजीभूत प्रणय-वेदना से जिस तरह 'विश्व क्षेत्र में खो जाने' का, 'विस्मृत हो जाने' का आह्वान करता है, वह 'आँसू' और 'कामायनी' की भाव-भूमियों का भी स्मरण जगाता है अपने आत्मावसाद और आत्मोद्बोधन दोनों की अभिव्यक्तियों

में। 'आँसू' का कवि हृदय में समाधि बन जाने की बात करता है, 'चिन्ता' का कवि कहता है–'जो दुःख और क्लेश मैंने देखे हैं, उन्हें अपने पास संचित कर लूँ–उससे एक विराट् समाधि बना लूँ जिसमें मृत्यु के बाद मेरा शरीर दब जाये।' चिन्ता का कवि जिस 'प्राचीन अकथ्य कथा' को, 'आदिम प्रथम पुरुष की प्रणय कथा' को सुनाना चाहता है, उसे क्या हम कामायनी में भी नहीं सुन आये हैं?'[6]

प्रसाद और अज्ञेय दोनों में प्रेम के माध्यम से व्यक्तित्व की उपलब्धि की ढेर सारी कविताएँ मिल जायेंगी। ठेठ रोमाण्टिकों की भाँति कई बार प्रेम में छले जाने का सघन भाव दोनों में उभरता है, लेकिन कहीं भी प्रेम के अनुभव को धिक्कारने का भाव नहीं है, बल्कि उलटे उत्कट स्वीकार का भाव है। प्रेम दुनिया की किसी भी अन्य वस्तु या भाव की भाँति ही परिवर्तनशील और नश्वर भी है, इसलिए वह कभी-कभी माया या छलावा लगे तो आश्चर्य नहीं, किन्तु प्रसाद और अज्ञेय इस छलावे के अनुभव को भी सच्चा मानते हैं। प्रेम स्वयं भले ही छलावा हो उसका अनुभव अवश्य ही सच्चा है जो व्यक्तित्व को एक नयी आभा प्रदान करता है–

(1) *छलना थी तब भी मेरा*
उसमें विश्वास घना था
उस माया की छाया में
कुछ सच्चा स्वयं बना था।[7]

(प्रसाद 'आँसू' में)

(2) *किन्तु छलूँ क्यों अपने को फिर?*
दानव की छाया में अपनी हार छिपाऊँ?
मैं ही था वह, तेरी पूजा को चिर तत्पर,
मैं हूँ छलित, किन्तु जीवन आरम्भ तभी जब जाय छले
इन्द्र-तुल्य शोभने, तुषार-शीतले।

(3) *मेरे लिये आज तू पुंजीभूता तड़पन,*
फिर भी मेरा मस्तक गौरव-उन्नत।
अथक प्रयोगों ही में बसता जीवन...
साहस को करती है हार प्रमाणित।
मम् विजयी पीड़ा की व्यंजक, अरी पराजय-प्रोज्वले
इन्द्र-तुल्य शोभने, तुषार शीतले।[8]

(अज्ञेय 'चिन्ता' में)

अज्ञेय की भावभूमि का जैसा अनेकविध सम्बन्ध जयशंकर प्रसाद के साथ जुड़ता है, वैसा महादेवी के साथ बिलकुल ही नहीं, किन्तु कुछ कविताएँ महादेवी

के सीधे प्रभाव को सूचित करती हैं। लगता है कि कवि टेक्नीक से प्रभावित होकर सिर्फ अनुकरण कर रहा है, कविता लिखने का अभ्यास कर रहा है। उस कविता में व्यंजित भाव उसके अपने नहीं हैं बल्कि अपने समय की मानक कविता की नकल में कविता लिख दी गयी है। उदाहरण के तौर पर 'चिन्ता' की सातवीं कविता द्रष्टव्य है–

"आ जाना प्रिय आ जाना।
अपनी एक हँसी में मेरे आँसू लाख डुबा जाना।

हा हृत्तन्त्री का तार-तार, पीड़ा से झंकृत बार-बार
कोमल निज नीहार-स्पर्श से उसकी तड़प सुला जाना।

फैला बन में घन अन्धकार, भूला मैं जाता पथ प्रकार–
जीवन के उलझे बीहड़ में दीपक एक जला जाना।

सुख-दिन में होगी लोकलाज, निशि में अवगुण्ठन कौन काज?
मेरी पीड़ा के घूँघट में अपना रूप दिखा जाना।

दिनकर-ज्वाला को दूँ प्रतीति? जग-जग, जल-जल काटी निशीथ।
ऊषा से पहले ही आकर जीवन दीप बुझा जाना।
प्रिय आ जाना।"[9]

इस कविता की सारी शब्दावली, अर्थछवियाँ तथा गीत का संघटन इसे महादेवी की रचना सिद्ध करने पर जैसे तुला हुआ हो। प्रिय की एक हँसी की कामना जिसमें विरह के लाखों आँसू डूब जाये, हृत्तन्त्री के तार का पीड़ा से झंकृत होना और फिर प्रिय से कामना करना कि अपने कोमल नीहार-स्पर्श से हृदय की तड़प को सुला दे, यह सब महादेवी के रचना संसार में बारम्बार प्रयुक्त चित्र हैं। शब्दबन्ध की दृष्टि से भी 'नीहार-स्पर्श', 'निशि में अवगुण्ठन', 'पीड़ा के घूँघट' और 'जग-जग, जल-जल काटी निशीथ' लगभग सीधे ही महादेवी की कविता से उठा लिये गये हैं। घने अन्धकार में पथ भटक जाना और छठी पंक्ति में अन्धकार दूर करने के लिए दीपक जलाने की बात और फिर दसवीं पंक्ति में जीवन दीप को बुझाने का अनुरोध यह सब मिलकर ऐसा प्रभाव छोड़ते हैं कि जैसे महादेवी के यहाँ से चुराकर यह कविता अज्ञेय के संग्रह में धर दी गयी हो। लेकिन निश्चय ही अज्ञेय की अन्य कविताओं के बीच यह कविता विसंवादी स्वर छेड़ती है। महादेवी की भावभूमि की अत्यन्त सटीक पहचान शमशेर ने की है–

"छू नहीं सकती
साँस जिसे
वर्णगीत जिसे
किन्तु मर्म
....
कुछ नहीं लाया
प्रेम
अश्रु अश्रु अश्रु
पुनः
पुनः"

(शमशेर : 'यामा' कवि से)

लेकिन अज्ञेय के काव्य और जीवन में प्रसाद जी की तरह ही प्रेम बहुत कुछ लाया, अश्रु के अतिरिक्त भी। महादेवी के आँसुओं से नम काव्य संसार से आधारभूत रूप से भिन्न है अज्ञेय का प्रेम संसार, जहाँ प्रेम जीवन में संघर्ष और विद्रोह, उल्लास और उर्वर दुःख, संशय और विश्वास सभी कुछ लाता है। निष्कर्ष यह कि अज्ञेय का महादेवी से जो सम्बन्ध काव्य के धरातल पर जुड़ता है वह सतही और अनुकरणात्मक है जिसका सम्भावित कारण महादेवी के शिल्प के प्रति उनका सम्मोहन भी हो सकता है। महादेवी के प्रिय कुछ शब्दबिम्ब अज्ञेय में भी आते रहते हैं। विशेषकर पूजा से सम्बन्धित जैसे नैवेद्य, पुजारी, अक्षत, दीप, मन्दिर, देवता, अंजलि आदि जो आत्मदान के सन्दर्भ में प्रयुक्त होते हैं। दीप और 'दीपशिखा' का भी अज्ञेय ने बहुत बार प्रयोग किया है। कुछ उदाहरण द्रष्टव्य हैं–

(1) *जीवन भर धक्के खाये, आहत भी हुए विलम्बित*
पर दीप रहे यदि जलता तो शिखा क्यों न हो कम्पित?"[10]

(2) *मैं मिट्टी का दीपक, मैं ही हूँ उसमें जलने का तेल*
मैं ही हूँ दीपक की बत्ती, कैसा है यह विधि का खेल।
तुम हो दीपशिखा, मेरे उर का अमृत पी जाती हो–
जला-जला कर मुझ को ही अपनी तुम दीप्ति बढ़ाती हो।"[11]

('तुम और मैं' भग्नदूत से)

(3) *दीपक हूँ, मस्तक पर मेरे अग्निशिखा है नाच रही–*
यही सोचा समझा था शायद आदर मेरा करें सभी।"[12]

('दीपावली का एक दीप' भग्नदूत से)

महादेवी की तरह ही बार-बार अज्ञेय भी 'दीपक' स्वयं को कहते हैं और दीपक का जलना जीवन की साधना का प्रतीक बन जाता है।

महादेवी के उपरान्त उत्तर-छायावादी कवियों विशेषकर बच्चन और भगवतीचरण वर्मा के भी निकट कुछ कविताएँ अवश्य दिखायी देती हैं। लय की दृष्टि से 'इत्यलम्' में संगृहीत 'प्राण तुम्हारी पद रज फूली' तथा 'नाम तेरा' जैसी कविताएँ जिस तरह महादेवी के करीब हैं, ठीक वैसे ही 'दुरवासी मीत मेरे' तथा 'रक्तस्नात वह मेरा साक़ी' जैसी कविताओं की लय बच्चन, नवीन, दिनकर के आसपास पड़ती है। साक़ी, हाला आदि के प्रतीक और उपमान अज्ञेय की कवि प्रकृति से सर्वथा बेमेल हैं और इसीलिए यदि रक्तस्नात साक़ी कविता के अन्त में दुखिया भारतमाता के रूप में पहचनवाया जाता है तो ऐसे विसादृश्य को इसी सन्दर्भ में समझना चाहिए। प्रेम के अतिरिक्त अज्ञेय की मृत्यु सम्बन्धी कविताएँ भी इस दौर में उत्तर-छायावादियों से भिन्न प्रकृति की हैं। विस्तार में न जाकर इतना कहना पर्याप्त होगा कि जहाँ उत्तर छायावादी 'मौत' को फक्कड़ अलमस्त ढंग से स्वीकार करता है, क्योंकि उसने जीवन मस्ती में गुजारा है, वहीं अज्ञेय के यहाँ आसन्न मृत्यु की निकटता का अवबोध इतना गाढ़ा है, मौत जीवन के अर्थ को ही नष्ट कर देगी—इस बात की मनोग्रस्ति इतनी अधिक है कि कवि इस प्रश्न को हलके, फक्कड़ ढंग से सोच ही नहीं पाता। भगवतीचरण वर्मा की मशहूर कविता की कुछ पंक्तियाँ उनके समय के कवियों के मृत्यु सम्बन्धी दृष्टिकोण को स्पष्ट करती हैं—

हम दीवानों की क्या हस्ती,
हैं आज यहाँ कल वहाँ चले
मस्ती का आलम साथ चला
हम धूल उड़ाते जहाँ चले।

हम भला बुरा सब भूल चुके
नतमस्तक हो मुँह मोड़ चले
अभिशाप उठाकर होठों पर
वरदान दृगों से छोड़ चले,

अब अपना और पराया क्या?
आबाद रहें रुकनेवाले
हम स्वयं बँधे थे और स्वयं ही
अपने बन्धन को तोड़ चले।

इस कविता का ऊपरी साम्य अज्ञेय की लिखी 'चिन्ता' की 67वीं कविता से है। यहाँ कवि कहता है कि 'अब अपना और पराया क्या?' और अज्ञेय का कवि भी कहता है—

'दुःख कैसा? मोह क्यों? क्या सोचता अपना-पराया?'[13]

लेकिन 'मृत्यु' पर लिखी इन दो कविताओं का साम्य सिर्फ ऊपर से देखने में आता है। भगवतीचरण वर्मा की कविता 'दूसरों' को सम्बोधित है। कवि जो कह रहा है उसको लेकर कोई तनाव अनुभव नहीं कर रहा, एक सहज स्वीकारी, आश्वस्त भाव से वह अपनी बात कह रहा है। लेकिन अज्ञेय की कविता 'स्वयं' को सम्बोधित है, आत्मोद्‌बोधन की शक्ल में है। मध्यम पुरुष 'तू' कवि का अपना ही मन है जो मौत के ख्याल से परेशान है। जो इस 'तू' को मोह छोड़ने और 'अपना पराया' से ऊपर उठने के लिए कह रहा है वह भी कवि का ही मन है। जहाँ भगवतीचरण वर्मा के अन्दर कोई द्वन्द्व नहीं है, वहीं अज्ञेयवाली कविता में मृत्यु के ख्याल से बेहद दुःखी और जगत् के मोह में पड़े हुए अपने ही मन को समझाने का उपक्रम है। सामान्य अनुभव का सच तो यही है कि ऐसे आत्मोद्‌बोधन दुःख को कम नहीं ही करते। अज्ञेय के यहाँ मौत एक ऐसे व्यक्ति का सच है जिसकी जीवन की प्यास 'अनबुझी' रह गयी है। दोनों कवियों का यह अन्तर सम्भवतः जीवन-स्थितियों के ही अन्तर से उपजा है। जहाँ वर्मा और उनके अन्य सहयोगियों के लिए मौत एक प्रत्यय, एक तसव्वुर ही है, वहीं अज्ञेय की जीवन स्थितियों में वह युवावस्था में ही अकस्मात् प्रकट हो गयी एक सच्चाई है जिसने कवि मानस को जबर्दस्त झकझोरा है। 'शेखर : एक जीवनी' (उपन्यास), 'कोठरी की बात' (कहानी-संग्रह) और 'चिन्ता' की कविताएँ (बहुत-सी 'इत्यलम्' की भी) मौत की इसी औचक उपस्थिति के माहौल में लिखी रचनाएँ हैं जहाँ मौत के प्रेक्षण बिन्दु (Vantage point) से पलटकर जीवन को सतृष्ण आँखों से देखा गया है। मौत की उपस्थिति ने जीवन की प्यास व उत्कट और तेज कर दी है। शेखर ने अपनी बड़ी बहन से मौत और जीवन के बारे में महत्त्वपूर्ण समझदारी पायी थी—

"बोला, तुम मरने से डरती नहीं?"
"नहीं।"
"मरना बहुत डरावना होता है?"
"नहीं"
"सब लोग क्यों डरते हैं"
"इसलिए नहीं डरते कि मरना बहुत खराब होता है,
इसलिए डरते हैं कि जीवन अच्छा लगता है।"[14]

(शेखर : एक जीवनी, भाग-1, पृ. 77)

मौत की उपस्थिति में वह क्या चीज है जो जीवन को अर्थ देती है? अज्ञेय का कवि मौत के क्षण में भी जीवन को सार्थकता देनेवाले तत्त्व के रूप में 'प्रेम' को अपने लिये अन्वेषित और उपलब्ध करता है। मृत्यु व्यक्ति की होती है, लेकिन प्रेम की आदर्श स्थिति में व्यक्तित्व होते ही नहीं, फिर मृत्यु किसकी होगी? प्रेम व्यक्ति को उसके अहं से मुक्त करता है, उसकी मर्त्य नियति से ऊपर उठाता है, इसलिए हम उतना ही जीते हैं जितना कि प्रेम करते हैं। प्रेम आत्मदान और आत्माहूति है। इसीलिए जिसने प्रेम किया वह स्वयं को समाप्त करके ही ऐसा करता है। उसे मौत का स्वाद जीवन भर मिलता रहता है। उसके लिए हर बीत गया क्षण मृत्यु है और हर भोगा जाता हुआ वर्तमान क्षण जीवन। इस तरह मौत और जीवन हरदम साथ चलते हैं। वे परस्पर विरोधी नहीं बल्कि एक ही अस्तित्व की अलग-अलग ढंग से उतारी गयी दो तस्वीरें हैं। मानवीय अस्तित्व काल के विराट् सागर में प्रवाहित एक बूँद मात्र है। 'मैंने देखा, एक बूँद' में बूँद का उछलना अस्तित्व का अपनी कालबद्ध नियति से क्षण-भर के लिए छूटना ही है। यही क्षण, जब 'ढलते सूरज की आग' से यह बूँद रंग गयी, काल पर विजय का क्षण होता है। वह क्षण अक्षर है जो 'आलोक छुए अपनेपन' का है। अज्ञेय ने प्रेम और मृत्यु के सम्बन्ध में जो यह प्रस्तावना विकसित की, वह यद्यपि आगे के दौर में अधिक स्पष्ट होकर उभरी, लेकिन वह जिन अनुभवों पर टिकी है, वे अनुभव कवि को इसी दौर (1929-1946) में मिले। प्रेम और मृत्यु का उक्त समीकरण ज्यादा थिरायी हुई मानसिक अवस्था में बाद में प्रकट हुआ, लेकिन इस दौर में ज्यादातर मौत की आहट सुनकर प्रेम की प्यास के बढ़ने के चित्र हैं। कई बार मृत्यु का प्रसंग अप्रस्तुत रह गया है और सतह पर सिर्फ उद्दाम प्रेम की अभीप्सा दिखायी देती है। लेकिन कुछ कविताओं में यह तलवर्ती 'मौत की चुनौती' ऊपर भी आयी है। 'चिन्ता' की 62वीं कविता का यह अंश द्रष्टव्य है–

"किन्तु इस अनन्त नश्वरता में एक तथ्य रह जायेगा–नकारात्मक तथ्य, किन्तु तथ्य–कि एक क्षण-भर के लिए हम तुम इस निरर्थक तुमुल के अंश नहीं रहे थे, कि उस क्षण-भर के लिए हम तुम दोनों ने अपने को पूर्णतया मटियामेट कर दिया था।"[15]

लेकिन इस दौर की रचनाओं में कविता के ऐसे टुकड़े कम ही हैं जिनमें प्रेम और मृत्यु किसी समीकरण में आये हों, प्रायः दोनों विषयों की अलग-अलग कविताएँ हैं जिन्हें जोड़कर पढ़ने से ही पूरा अर्थ खुलता है। उदाहरण के लिए 'चिन्ता' की कविता सं. 67, 70, 71 मृत्यु की कविताएँ हैं जो जेल में लिखी गयी हैं जिनका रचनाकाल क्रमशः 1936, 1932, 1933 है। 1932, 1933 की प्रणय

कविताओं में भी गहरे अवसाद और भयानक विवशता के चित्र दिखायी पड़ते हैं जिनका प्रसंग मृत्यु सम्बन्धी कविताओं से खुलता है। आगे चलकर वर्ष 1936 के आसपास से यह अवसाद और विवशता कम होती है, मृत्यु के प्रति भी मनोग्रस्ति कम होती है और कवि प्रेम को, अनुराग को मृत्यु के भय के प्रत्याख्यान का माध्यम बनाता है। 1936 में दिल्ली के एक कवि सम्मेलन में सुनायी गयी कविता 'मैं तुम्हारे ध्यान में हूँ' ऐसी ही एक कविता है–

क्यों डरूँ मैं मृत्यु से या क्षुद्रता के शाप से भी?
क्यों डरूँ मैं क्षीण-पुण्या अवनि के सन्ताप से भी?
व्यर्थ जिस को मापने में है विधाता की भुजाएँ–
वह पुरुष मैं, मर्त्य हूँ पर अमरता के मान में हूँ।
मैं तुम्हारे ध्यान में हूँ।

वेदना अस्तित्व की, अवसान की दुर्भावनाएँ
भवमरण, उत्थान-अवनति, दुःख-सुख की प्रक्रियाएँ
आज सब संघर्ष मेरे पा गये सहसा समन्वय–
आज अनिमिष देख तुमको लीन मैं चिरध्यान में हूँ।
मैं तुम्हारे ध्यान में हूँ।[16]

('इत्यलम्' से)

1946 तक पहुँचते-पहुँचते मानवीय प्रेम के अतिरिक्त प्रकृति के प्रति उत्कट अनुराग भी मृत्यु के भय को पछाड़नेवाला साबित होता है। 'जन्मदिवस' (1946) शीर्षक कविता इस भाव की सुन्दर अभिव्यक्ति है। और 1946 के ही वर्ष में लिखा यह 'समाधि-लेख' भी–

"आँखों में - चिर प्रेय
हाथों को - जो श्रेय
आत्मा में - कुछ गेय
मिट्टी को - अज्ञेय।"[17]

('इत्यलम्' से)

पिछले अध्याय में प्रेमगतिकी की किंचित् चर्चा हुई थी। यह भी कि प्रेम की द्वन्द्वात्मकता पूरी तौर पर आत्मचेतस आधुनिक मन में ही संचरित होती है। अज्ञेय की इस दौर की प्रेम कविताओं को समझने के लिए मनोविश्लेषण से प्राप्त प्रेमगतिकी के कुछ सिद्धान्त अवश्य ही लाभकारी हैं। अज्ञेय की कविताओं को खोलने के लिए औजार के रूप में मनोविश्लेषण की पद्धति की उपादेयता बताने

के लिए अलग से कोई अध्याय न लिखकर, सीधे रचनाओं के अध्ययन में प्रवृत्त होने की पद्धति का अवलम्ब यहाँ किया जा रहा है। इसके दो कारण हैं—पहला तो यह कि यदि स्वयं अध्ययन के माध्यम से ही उपादेयता स्पष्ट न हुई तो फिर पूरा उपक्रम ही व्यर्थ होगा और दूसरा यह भी कि मनोविश्लेषण की पद्धति अज्ञेय की प्रेम और मृत्यु सम्बन्धी कविताओं को समझने के लिए आत्यन्तिक औजार नहीं है। मनोविश्लेषण के शास्त्र के रूप में उदय के पहले से ही तमाम धार्मिक तथा काव्यात्मक रहस्यवाद तथा उनके दार्शनिक आधार प्रेमगतिकी की तमाम बातों को अभिव्यक्त करते रहे हैं। फ्रायड ने स्वयं उनका दाय भी स्वीकार किया है। इसके अलावा खुद फ्रायड के मनोविश्लेषण सिद्धान्त की दूसरों के द्वारा जबर्दस्त आलोचना की गयी है, उसे सुधारा और परिवर्द्धित भी किया गया है। ऐसे में एकान्ततः मनोविश्लेषण पर ही भरोसा करना ठीक न होगा।

"मैंने अभी तक प्यार नहीं किया था, लेकिन मैं प्यार करने को प्यार करता रहा। मैं 'प्यार' के प्यार में फँस कर उस चीज़ को खोजता रहा जिससे मैं प्यार कर सकता।"[18]

(I did not yet love and I loved to love; I sought what I might love, in love with loving)

—सन्त आगस्टाइन

इन पंक्तियों से जो बात जाहिर होती है वह यह कि प्रेम की सत्ता प्रेमास्पद (Love object) से पहले है। शैशव में जब शिशु और माँ का संसार एक होता है, जब शिशु समूचे संसार से अलग स्वयं की कोई सत्ता महसूस नहीं करता, तब वह आदिम आत्मरति की अवस्था (Primal narcissism) में होता है। अहं का विकास इस आदिम आत्मरति से कटते जाने में निहित है जिसका परिणाम यह होता है कि इसी आदिम अवस्था को प्राप्त करने की वह हरदम जोरदार कोशिश करता है। काम (Eros) लगातार अहं (Ego) को उस आदिम अवस्था को पाने के लिए ठेलता है। प्रेम में मनुष्य उस अवस्था को थोड़े समय के लिए पाता है, उस एकत्व की अभिपुष्टि करता है। रत्यात्मक ऊर्जा वस्तुतः उस आदिम प्रेम और आनन्द के संसार को प्रेम के माध्यम से प्राप्त भले ही न करती हो, उसकी अभिपुष्टि (Affirmation) अवश्य करती है। यह अभिपुष्टि एकत्व नहीं, बल्कि एकत्व का स्थानापन्न है। अज्ञेय के काव्य की शुरुआत ही इस रत्यात्मक ऊर्जा के अभिज्ञान से होती है। 'चिन्ता' की पहली दो कविताओं में 'छाया' एक साथ रति और रति के विषय (Love object) दोनों का प्रतीक है। काव्य की शब्दावली में कहा जाये

तो वह 'छाया' प्रेम भी है और प्रेमास्पद भी और इसीलिए कवि उसे ठीक-ठीक नाम न देकर 'छाया' कहता है। वह बार-बार उसकी स्पष्ट और एक पहचान पूछता है,

'छाया। छाया। तुम कौन हो?'

'रति ऊर्जा' ही छाया है। कौतूहल और प्रश्नवाचकता एक कवि सुलभ अस्पष्टता को जन्म अवश्य देती है जिसे कुछ आलोचकों ने भ्रमवश रहस्यवाद कहा है। लेकिन स्वयं एक-एक काव्यपंक्ति उस अचेतन (Unconscious) रतिऊर्जा का साक्ष्य देती है जिसे कवि छाया के रूप में सम्बोधित करता है। सम्भवतः अहं की शुद्ध अचेतन रत्याकांक्षा (Pure unconscious pleasure ego) का इतना सुन्दर काव्यानुवाद अन्यत्र न मिलेगा जितना कि इन पंक्तियों में—

'वह मेरी वधु है।

मैंने उसे कभी नहीं देखा। जिस संसार में मैं रहता हूँ, उसमें उसका अस्तित्व ही कभी नहीं रहा। पर मेरा मन और अंग प्रत्यंग उसे पहचानता है, मेरे शरीर का प्रत्येक अणु उसकी समीपता को प्रतिध्वनित करता है।'[19]

'चिन्ता' की दूसरी कविता में 'छाया' की द्वयर्थकता (Ambiguity) विडम्बना के रूप में उभरती है। यह विडम्बना है प्रेम को अपने रोम-रोम में महसूस करना, लेकिन प्रेम के तनाव को शिथिल करने का मार्ग न पाना। ''रति ऊर्जा के जबर्दस्त दबाव को महसूस करना, लेकिन रत्यात्मक विषय (Love object) को न पाना। इस दूसरी कविता में इस विडम्बना की अत्यन्त मार्मिक अभिव्यक्ति हुई है—

'छाया। मैं क्या पा चुका और क्या खोज रहा हूँ?

मैं नहीं जानता, मैं केवल यह जानता हूँ कि मेरे पास सब-कुछ है और कुछ नहीं, कि तुम मेरे अस्तित्व की सार हो किन्तु स्वयं नहीं हो।'[20]

इन कविताओं के पाठक को 'श्वेत, शान्त घन अवगुण्ठन', 'शुभ्र शान्त परिवेष्ठन', 'रहःशील अन्तर' आदि रहस्यवाद जैसी शब्दावली के धोखे में नहीं आना चाहिए। यह शब्दावली काव्यवस्तु के 'अचेतन' अधिष्ठान की ओर संकेत करती है, इसमें रहस्यवाद खोजना या रवीन्द्रनाथ का प्रभाव खोजना व्यर्थ होगा और भ्रम को बढ़ानेवाला भी। ऐसा कहने का आधार सिर्फ 'चिन्ता' की कविताओं की मनमानी व्याख्या नहीं है। 'चिन्ता' की दूसरी कविता में जिस विडम्बना की चर्चा ऊपर की गयी है, उसका अनुभव शेखर को भी होता है—

'तभी उसे वैसा एक क्षण प्राप्त हुआ, उसके भीतर किसी ने कहा, 'Shekhar you are in love' (शेखर, तुम प्रेम करते हो)

और फिर समूचे शरीर ने तनकर कहा, ''हाँ, हाँ, मैं प्रेम करता हूँ।'' लेकिन किससे?

कुछ ही दिन बाद उसने कहीं एक कविता पढ़ी—

'A lad there is and I am that poor groom.
That's fallen in love and knows' not with whom.

उसे क्रोध हो आया कि मेरी यह जो अभूतपूर्व दशा थी, यह क्यों और किसी की भी हो चुकी है...''[21] (शेखर, प्रथम भाग, पृ. 141)

यह वह स्थिति है जब फ्रायड के अनुसार मातृरति (Oedipus Complex) और उससे सम्बद्ध शैशविक लैंगिकता (Infantile sexuality) बधियाग्रन्थि (Castration complex) द्वारा अन्तिम रूप से पराभूत हो जाती है। यहीं से सामान्य वयस्क लैंगिकता का आरम्भ होता है।

'चिन्ता' के 'विश्वप्रिया' खण्ड की पहली 10 कविताएँ इसी अवस्था की द्योतक हैं। 7वीं कविता थोड़ी विसंवादी है क्योंकि जैसा कि इस अध्याय में पहले चर्चा हुई है इसके रूप तत्त्व (जो कि महादेवी वर्मा से प्रभावित है) ने इसके वस्तुपक्ष को क्षति पहुँचाई है। 8वीं कविता इस दृष्टि से महत्त्वपूर्ण है कि यहाँ हम पहली बार 'मिलन की आस' और 'प्रलय का आभास' दोनों एक साथ पाते हैं। यहाँ हम पहली बार अज्ञेय की कविता में प्रेम (जीवन) और मृत्यु का संयोग देखते हैं। मनोविश्लेषण की दो मूल प्रवृत्तियों काम (Eros) जो जीवनदायी है और मृत्यु, इन दोनों के बीच जो एक द्वन्द्वात्मक सम्बन्ध है, उसका साक्ष्य मिलता है। फ्रायडीय विश्लेषण में दमित वासना की अक्सर चर्चा होती है लेकिन मृत्यु की इच्छा के दमन की चर्चा प्रायः नहीं होती जबकि सच्चाई यह है जीवन-मृत्यु एक सातत्य है (Life-death continum) है, जिसमें एक का दमन, दूसरे के दमन के बगैर असम्भव है। जिस तरह कामभाव के दमन के कारण फिर से उस आदिम आत्मरति की अवस्था में लौटने की इच्छा बढ़ जाती है (वयस्क प्रेम जिसका वाहन होता है) वैसे ही मृत्यु की स्वाभाविक वृत्ति का दमन मृत्यु से भागने के रूप में होता है जबकि दमित होकर मृत्यु की यह वृत्ति इच्छा के रूप में अचेतन में वास करती है। जीवन और मृत्यु जो स्वाभाविक रूप से एक-दूसरे के पूरक हैं वही दमित होकर एक-दूसरे के शत्रु हो जाते हैं। मनुष्य का जीवन इन्हीं दोनों मूल प्रवृत्तियों के बीच संघर्ष और सन्तुलन का इतिहास है।

Oedipus Complex का अनुवाद 'मातृरति' स्वैर है, लेकिन अन्य विकल्प के अभाव में इसे ही रखा गया है। वस्तुतः स्वयं फ्रायड ने आगे चलकर माना कि यह खास ग्रन्थि माँ के प्रति शिशु के प्रकृत प्रेम की सूचना नहीं देती है। बल्कि माँ से वह अलग है, लेकिन पराश्रित है, इस बात का अवबोध बालक को हो जाता है। वह पराश्रित है क्योंकि माँ से पैदा हुआ है, लेकिन स्वतन्त्र भी है क्योंकि उसका शरीर अलग है। स्वतन्त्रता का बोध और अलगाव की पीड़ा के संघर्ष से निकलने का उपाय है मातृरति जो आत्मरति की ही स्फीति है जब बालक अपना ही पिता बनना चाहता है।

जीवन जिस क्षण पैदा होता है, मृत्यु भी उसी क्षण पैदा होती है। पैदा होना भ्रूण की मृत्यु और शिशु का जन्म एक साथ है। पशुजगत में पैदा होना और माँ से अलग होना, इन दोनों के बीच अन्तराल बहुत कम होता है। पशु का बचपन बहुत ही छोटा होता है। वह बहुत जल्दी अपने अलग अस्तित्व को जानकर भूख, प्यास, काम आदि मूल सहज वृत्तियों की पूर्ति के लिए स्वाश्रित हो जाता है। किन्तु मनुष्य का बचपन बहुत बड़ा होता है। वह बहुत दिनों तक परिवार पर आश्रित होता है अपनी स्वाभाविक माँगों के लिए। माँ का स्तन उसके लिए एक साथ भूख और रति दोनों के शमन का स्रोत है। इस बढ़े हुए बचपन के चलते ही शिशु बहुत समय तक अपने को माँ से अलग नहीं मानता। उसकी रत्याकांक्षा (जो प्रजाति को बढ़ाने के लिए होती है) और आत्मरक्षक वृत्ति जो स्वयं को जीवित रखने के लिए होती है, दोनों ही माँ से पूरी होती है। माँ वह माध्यम है जिससे वह विश्व के साथ इस हद तक एकाकार होता है कि स्वयं से पृथक् विश्व की सत्ता का उसे बोध ही नहीं होता। यह एक विशिष्ट मानवीय परिस्थिति है जिसमें शिशु फ्रायड के शब्दों में 'सम्राट' होता है। उसके बाहर कुछ नहीं है। किन्तु अपने विकासक्रम में वह पाता है कि सच्चाई कुछ और है। वह पाता है कि वस्तुजगत की अपनी स्वतन्त्र सत्ता है, कि वह उससे अलग है। उसका 'अहं' (Ego) अपनी आदिम स्फीति से सिकुड़कर एक अत्यन्त क्षुद्र रूप तक पहुँच चुका है। जीवन यथार्थ (Reality principle) द्वारा उसके आनन्द (Pleasure principle) में इस तरह खलल डालना उसमें प्रतिक्रिया जगाता है। वह यथार्थ को झुठलाने का प्रयास करता है। वह अलगाव को मृत्यु के रूप में देखता है। सम्पूर्ण एकत्व में अमरत्व था, लेकिन जब अलग हुए तो मृत्यु निश्चित है। आदिम एकत्व की पुनः प्राप्ति की इच्छा इसीलिए मृत्यु का दमन है।* लेकिन यह मृत्यु की इच्छा का दमन जीने की इच्छा के दमन से पैदा हुआ है। मनुष्य की जीवनेच्छा उसे लिबिडो कहा जाये या

---

* आरम्भिक फ्रायड में आदिम एकत्व की पुनः प्राप्ति को पशुजगत की उस सहजवृत्ति के समतुल्य माना गया जिसमें सारे पशुओं में अपनी पिछली अवस्था अथवा उस अजैविक या मृत अवस्था में लौट जाने की वृत्ति होती है जिसमें से वे जन्मे थे। इसे निर्वाण या Repitition-compulsion कहते हैं जो प्रकारान्तर से मरण की इच्छा है। यहाँ आनन्द सिद्धान्त (Pleasure principle) जिसमें तनाव से मुक्ति के द्वारा निष्क्रियता, निद्रा आदि से मृत्यु के समीप गुणोंवाली अवस्था पायी जाती है, वह भी फ्रायड के यहाँ 'निर्वाण' जैसा दीखता है। अर्थात् यहाँ 'जीवनेच्छा' और 'मरणेच्छा' एक ही है जो पशुजगत में भी है। लेकिन उत्तर फ्रायड में आदिम एकत्व की पुनः प्राप्ति को 'निर्वाण' के रूप में नहीं देखा गया है।

इरॉस या अन्य कुछ, शैशव में प्राप्त आत्मरत्यात्मक सम्पूर्ण एकत्व से आबद्ध है। इसलिए जब अलगाव की सच्चाई सामने आती है तो अपने ढंग से मनुष्य उसे झुठलाता है। वह अलगाव या मरण को स्वीकार करने की स्थिति में नहीं होता। लेकिन अन्ततः सच्चाई सच्चाई है जो उसमें चिन्ता (Anxiety) पैदा करती है, आदिम एकत्व के छूटने की चिन्ता। सच्चाई के आघात से पैदा हुई यह चिन्ता एकत्व की कामना को दबाकर अचेतन में डाल देती है। मनुष्य की रत्याकांक्षा इसी दमित एकत्व की आकांक्षा के रूप में पड़ी रहती है और वयस्क मनुष्य के जननांग इस अत्यन्त शक्तिशाली इच्छा की पूर्ति नहीं कर सकते। वयस्क रतिकर्म के द्वारा इस विराट् रतिऊर्जा का बस एक छोटा-सा हिस्सा ही सम्पूर्ति पाता है, शेष का उदात्तीकरण (Sublimation) संस्कृति की उत्पत्ति करता है। 'मिलन की प्यास' और वयस्क प्रेम जैसा कि पहले कहा गया इस 'आदिम आत्मरति' को 'पररति' या अन्य के माध्यम से प्राप्त करने का प्रयास है जो स्वयं एकत्वदायी तो नहीं है, लेकिन एकत्व की अभिपुष्टि करता है। 'मृत्यु' को पराजित करने की इच्छा मृत्यु का दमन है। लेकिन दमित मरणेच्छा दमित प्रेमेच्छा के साथ संयोग बनाते हुए प्रायः परपीड़न (Sadism) या आत्मपीड़न (Masochism) के रूप में प्रकट होती है। परपीड़न उस आक्रामकता का परिणाम है जो मरणेच्छा को बाहर की ओर मोड़ देने से पैदा होती है। मातृरति की अवस्था में जब अलगाव से संघर्ष करते हुए आदिम विराट् आत्मरति की अवस्था फिर से पाने के प्रयास के क्रम में बालक जबर्दस्त अधिकार कामना से परिचालित होता है, वह हर चीज पर अधिकार चाहता है। ऐसे में उसका अहं अलगाव और उससे जनित मृत्यु को स्वीकार और सह पाने में अक्षम होता है और इसीलिए मरणेच्छा को बाहर की ओर मोड़कर आक्रामक हो जाता है। यही आक्रामकता बाद में प्रेम के साथ संयुक्त होकर परपीड़न का रूप ले लेती है। मौत से भागा मनुष्य समझ नहीं पाता कि उस मौत का क्या करे जो उसके जीव विज्ञान में निहित है लिहाजा वह उसका बाह्यकरण करता है। स्वयं हिंसक बनता है। लेकिन दमित मरणेच्छा फिर भी बची रहती है और प्रेम के साथ संयुक्त होकर आत्मपीड़न (Masochism) में व्यक्त होती है।

'चिन्ता' का शीर्षक बरबस ही फ्रायड के Anxiety से जैसे जुड़ जाता है खासकर तब जबकि 'चिन्ता' और फिर 'भग्नदूत' में भी आत्मदमन की ढेर सारी कविताएँ हैं। यह प्रेमेच्छा का दमन (Repression) चिन्ता (Anxiety) का परिणाम है। आदिम प्रेम को पाने की इच्छा जब पूरी नहीं होती तब 'चिन्ता' की सृष्टि होती है जिससे दमन की शुरुआत होती है। प्रेमेच्छा का जो दमन मनुष्य की मनोवैज्ञानिक नियति है उसमें यदि कारावास जैसे इतर कारणों का योग हो जाये,

जैसा कि अज्ञेय के जीवन में रहा तो आत्मदमन और भी अधिक होता है और इसीलिए प्रेमेच्छा भी प्रचण्ड हो जाती है। प्रेमेच्छा का दमन जितना अधिक होगा, वह उलटकर और उद्दामता के साथ प्रकट होगी। 'चिन्ता' और 'भग्नदूत' में इसीलिए आत्मदमन है तो 'असीम प्रणय की तृष्णा' भी है। ठीक इसी तरह जो मरणेच्छा उनकी आत्मपीड़क (Masochistic) कविताओं में व्यक्त हुई उसके साथ-साथ उसके दमन की कविताएँ भी मिलेंगी। अज्ञेय के यहाँ प्रारम्भिक कविताओं में आदिम एकत्व की चाहत और उसे हासिल न कर पाने की विवशता (दमन) एक साथ अनेक कविताओं में व्यक्त हुई है–

"मैं जन्म-जन्मान्तर की अपूर्ण तृष्णा हूँ, तुम उसकी असम्भव पूर्ति। इस तृष्णा और तृप्ति का कहाँ मिलन होगा, कहाँ एक-दूसरे में समाहित हो जायेंगी, यह मैं नहीं जानता, न जानने की इच्छा ही करता हूँ। इस तृष्णा में ही इतना घना जीवन भरा पड़ा है कि और किसी चाह के लिए स्थान ही नहीं रहता।

केवल कभी-कभी यह सम्भावना मन में कौंध जाती है कि यह एकीकरण कभी नहीं होगा।"[22]

या

"मैंने अपने आपको सम्पूर्णतः तुम्हें दे दिया है। पर तुम और मैं अत्यन्त एकत्व नहीं प्राप्त कर सके..."[23]

यह एकत्व की आकांक्षा कई बार अनन्त जन्मों की एकता या कि किसी पुरानी जातीय स्मृति को दोहराने में भी प्रकट होती है। उदाहरण के लिए 'चिन्ता' की 21वीं कविता में–

"ये गायें हमारे असंख्य जीवनों के असंख्य प्रणयों की स्मृतियाँ हैं।

वंशी की ध्वनि सुनते ही ये मानो किसी भूले हुए संगीत की झंकार सुनकर चौंक उठती हैं।"[24]

वस्तुतः यह जो अनन्त, असीम और पुनर्जन्म आदि की बातें हैं, ये उसी शैशव की स्मृतियाँ हैं जब सब-कुछ एक और अविभाज्य था, जब अलगाव नहीं था, जब काल नहीं था।

इस दौर की कविता में शुद्ध दमन के एकांगी चित्र भी मिल जायेंगे। जहाँ शुद्ध अहं है वहाँ रत्याकांक्षा का दमन भी वैसा ही सकल है। 'चिन्ता' की 30वीं कविता के ये अंश द्रष्टव्य हैं–

"मेरे मित्र, मेरे सखा, मेरे एकमात्र विपद्बन्धु–आत्माभिमान। देखो, मैंने अपने अन्तर की नारकीय वेदना छिपा दी है, मेरे मुख पर हँसी की अम्लान रेखा स्थित भाव से खिंची है। जब तक रात्रि के एकान्त में मैं अपनी शय्या पर पड़ कर

अपना मुँह नहीं छिपा लूँगा, तब तक मेरे बदन पर शान्तिमय आनन्द के अतिरिक्त कोई भाव नहीं आ पायेगा। तुम्हारा धीमा किन्तु दृढ़ स्वर मेरे साहस को बढ़ाता हुआ कहता रहेगा—'अभी नहीं, अभी नहीं..."[25]

अगर फ्रायडीय शब्दावली में कहें तो अहंरति (Ego Libido) का यह उत्कृष्ट उदाहरण है।

इस दौर की कविताओं में आत्मपीड़न को लगभग आदर्श रूप में चित्रित किया गया है। यह दमित मरणेच्छा का प्रकटीकरण है। दीप की तरह जलते जाना, बलिदान की कामना, आहुति बनने की इच्छा आदि के रूप में यह बात आयी है। आत्मपीड़न का आदर्शीकरण इसी तरह 'शेखर : एक जीवनी' में शशि के चरित्र में किया गया है। आत्मपीड़न के मुकाबले परपीड़न के चित्र अत्यन्त विरल हैं। फिर भी उनका एकान्तिक अभाव नहीं है। उदाहरण के लिए चिन्ता की 35वीं कविता का यह अंश—

"जब तुम उद्विग्न, दुःखी, तिरस्कृत और दयनीय होती हो, तभी मैं तुम्हें अत्यन्त प्रियतमा देख पाता हूँ। तभी तुम पर मेरा अत्यन्त ममत्व होता है।"[26]

जिस बात को संयोग और वियोग की आत्यन्तिक कोटियों में पुरानी कविता में विभाजित किया जाता है, वह वस्तुतः एक ही प्रक्रिया है क्योंकि सम्भोग सिर्फ एकत्व का आश्वासन है, स्वयं एकत्व नहीं। मानवीय शरीर की सीमा यही है कि यह सतत सम्भोगरत नहीं रह सकता। इसलिए वह फिर से सम्भोग के लायक हो इसके लिए अलगाव की इच्छा व्यक्त करता है। अर्थात् जो वियोग है वह भी सम्भोग की इच्छा से ही परिचालित होता है और मानवीय स्थिति की विडम्बना संकेतित करता है। इन्सानी अलगाव जिसका मानसिक प्रतिरूप अहं है वह इस वियोगाकांक्षा को अनिवार्य बना देता है। यह मनुष्य की अपनी सीमा ही है कि बिना अलगाव महसूस किये एकत्व का सुख वह महसूस ही नहीं कर सकता—

"जब मैं तुमसे विलग होता हूँ, तभी मुझे अपने अस्तित्व का ज्ञान होता है। जब तुम मेरे सामने उपस्थित नहीं होती, तभी मैं तुम्हारे प्रति अपने प्रेम का परिमाण जान पाता हूँ।...

मैं उस पक्षी की तरह हूँ जो यह जानने के लिए कि उसका नीड़ कितना सुरक्षित है, बार-बार उससे उड़ जाता है और दूर से उसका ध्यान किया करता है।"[27]

अस्वीकृत प्रेम या अवहेलना की कविताएँ यह संकेत देती हैं कि प्रेम करना वस्तुतः प्रेम पाने की मूलभूत इच्छा से संचालित होता है। जितनी भी आत्मदान की बातें की जायें, वस्तुतः 'पाने' की इच्छा ही मुख्य है क्योंकि मनुष्य जिस आदिम

एकत्व के प्रेम भरे संसार में फिर से विचरना चाहता है, वह संसार वह स्वयं होता है। इसीलिए नार्मन ओ ब्राउन ने आत्मरति (Ego Libido) और विषयोन्मुख रति (Object Libido) के फ्रायडीय द्वैत का प्रत्याख्यान किया है।[28] वे प्रेम द्वारा जिस स्थिति की प्राप्ति की बात करते हैं उसमें मनुष्य स्वयं ही सकल विश्व होता है। प्रख्यात आधुनिक तत्त्वज्ञानी जिद्दू कृष्णमूर्ति जब 'मैं ही विश्व हूँ' (I am the world) कहते हैं तो वे इसी अवस्था की ओर संकेत करते हैं। किन्तु यहाँ आकर शायद हम मनोविश्लेषण की पद्धति के सीमान्त पर पहुँच जाते हैं। बात चाहे आत्मदान की हो, चाहे आत्मरति की, यह निश्चित है कि आत्म है तभी तो उसके दान की बात उठती है। यह 'आत्म' या 'अहं' ठीक-ठीक हमारे अलग-अलग शरीरों के कारण ही हैं। तब क्या हम शरीर रहते 'आत्म' से अलग हो सकते हैं? फ्रायडीय मनोविश्लेषण में इस बात की गुंजाइश तो है कि हम Id (काम चेतना) का उदात्तीकरण कर ले जायें, बल्कि अपनी गतिविधियों को उससे पूरी तरह मुक्त कर लें (Desexualise) लेकिन अहं से निष्कृति कैसे होगी, इसका हल मनोविश्लेषण के पास नहीं है। यहाँ हमें दर्शन के क्षेत्र में प्रवेश करने का लोभ होता है। मनोविश्लेषण के हिसाब से शरीर होगा तो अहं होगा ही और अहं चूँकि यथार्थबोध (Reality principle) के अधीन है, वह हरदम रतिऊर्जा को दबायेगा क्योंकि रतिऊर्जा जिस आदिम ऐक्य की पुनः प्राप्ति की ओर अहं को प्रेरित करती है वह यथार्थ ज्ञान की अवहेलना पर टिका है। हमारा अलगाव, हमारी मर्त्यता ही हमारा यथार्थ है, लेकिन ऐक्य और अमरत्व का जो स्वाद मनुष्य ने शैशव में चखा है उसे दोबारा चखना वह हरदम चाहेगा। पूर्णता की उसकी चाह उसे लगातार विकास के लिए प्रेरित करती है। समूचा मानवीय विकास, समूचा मानवीय इतिहास उसके इसी आदिम स्वप्न को पाने का प्रयास है। लेकिन जैसा कि कहा गया कि यह मनुष्य की नियति है कि पशु की तरह वह अपनी प्रकृत आदिम अवस्था में लौट नहीं सकता। पशु के जीवन में न चिन्ता है, न दमन क्योंकि उसके पास ऐक्य की कोई स्मृति ही नहीं है। उसकी जीवनेच्छा और मरणेच्छा अविच्छेद्य (Undifferentiated) हे। दोनों में कोई संघर्ष नहीं है, इसीलिए वह काल के किसी मानसिक प्रत्यय से मुक्त है। मनुष्य चाहकर भी जीवनेच्छा और मरणेच्छा को एकीकृत नहीं कर सकता, वह प्रकृत नहीं हो सकता। जैसे प्रकृति के साथ उसका सम्बन्ध आश्रित होने जैसा नहीं है बल्कि द्वन्द्वात्मक है वैसे ही उसकी जीवनेच्छा और मरणेच्छा भी सतत द्वन्द्व में रहेगी। वह सन्तुलन भी पा सकती है लेकिन अविच्छेद्य अवस्था या आपस में लय नहीं हो सकती। अज्ञेय इस दौर की कविताओं में एकत्व और द्वैत, आत्मदान और एकाधिकार, जीवनेच्छा और मरणेच्छा

के परस्पर विरोध को साधते हुए आखिर तक एक सन्तुलन की अवस्था में पहुँचे दीखते हैं। 1936 में लिखी कविता 'मैं तुम्हारे ध्यान में हूँ' जिसे पहले भी दूसरे प्रसंग में उद्धृत किया जा चुका है, की इन पंक्तियों में यह सन्तुलन देखा जा सकता है जिसे स्वयं कवि अपने शब्द में 'समन्वय' कहता है—

वेदना अस्तित्व की, अवसान की दुर्भावनाएँ—
भव मरण, उत्थान अवनति, सुख दुःख की प्रक्रियाएँ
आज सब संघर्ष मेरे पा गये सहसा समन्वय—
आज अनिमिष देख तुमको लीन मैं चिरध्यान में हूँ
मैं तुम्हारे ध्यान में हूँ।[29]

1946 में लिखी 'जन्मदिवस' कविता इस सन्तुलन को पहुँची हुई एक और सुन्दर कविता है। पहले भी कहा ही जा चुका है कि जीवनेच्छा का दमन और मरणेच्छा का दमन एक सिक्के के दो पहलू हैं। 'दमन' (Repression) ही वह भित्ति है जिस पर मनोविश्लेषण पूरी तरह टिका है। सवाल यह है कि क्या इस दमन से बचा जा सकता है या कि कोई उसका निदान है? 'उदात्तीकरण' के रूप में एक हल अवश्य मनोविश्लेषण ने सुझाया लेकिन फिर भी उसके अनुसार दमन से पूरा छुटकारा नहीं है। जीवनेच्छा के दमन का कम होना मरणेच्छा के दमन को भी कम करता है। अर्थात् रत्याकांक्षा की भरपूर तृप्ति मृत्यु के प्रति भी स्वीकार भाव जगाती है, लेकिन जैसा कि पहले कहा गया कि दमित रत्याकांक्षा पूरी तरह से वयस्क रतिकर्म में सन्तृप्ति नहीं पाती, लिहाजा उसका उदात्तीकरण ही एकमात्र रास्ता है। 'जन्मदिवस' शीर्षक कविता में यह उदात्तीकरण 'प्रकृतिप्रेम' द्वारा प्रतीकित हुआ है—

किन्तु नहीं धो रहा मैं पाटियाँ आभार की
उनके समक्ष
दिया जिन्होंने बहुत कुछ, किन्तु जो अपने को दाता नहीं मानते
नहीं जानते,
अमुखर नारियाँ, धूल भरे शिशु, खग
ओस नमें फूल, गन्ध मिट्टी पर पहले असाढ़ के अयाने वारि-बिन्दु की
कोटरों में झाँकती गिलहरी,
स्तब्ध, लयबद्ध भौरा टका-सा अधर में,
चाँदनी से बसा हुआ कुहरा,
पीली धूप शारदीय प्रात की

बाजरे के खेतों की फलाँगती डार हिरनों की बरसात में–
नत हूँ मैं सबके समक्ष, बार-बार मैं विनीत स्वर
ऋण स्वीकारी हूँ–विनत हूँ।
मैं मरूँगा सुखी
मैंने जीवन की धज्जियाँ उड़ायी हैं।[30]

दमन सिर्फ आनन्द सिद्धान्त (Pleasure principle) और यथार्थ सिद्धान्त (Reality principle) के बीच विसंवाद से उत्पन्न एक स्वायत्त मानसिक परिघटना ही नहीं है, बल्कि समाज के आदर्श और रूढ़ियाँ भी नैतिक अवबोध (Superego) के रूप में संग्रथित होकर दमन का आधार तैयार करती हैं। अज्ञेय के सम्पूर्ण साहित्य में जो विद्रोहीपन है, जो समाज की रूढ़ियों के प्रति चुनौती देने का भाव है, जो खोखले नैतिक भावों को न मानने का आग्रह है, [illegible] दमन के आधार को कमजोर करता है। शशि, शेखर की मौसेरी बहन है जिसके प्रति प्रेम अगम्यागमन (Incest) का द्योतक है, लेकिन शेखर में फिर भी साहस है कि उससे प्रेम करे। 'द्वितीया' जैसी कविताएँ भी किसी-न-किसी रूप में प्रेम और विवाह के पारम्परिक रूढ़िवादी ढाँचे के प्रति विद्रोह ही हैं। इन सबके अतिरिक्त जब कवि अमुखर नारियों, धूल भरे शिशु, खग, चाँदनी, भौंरा, फूल, मिट्टी की गन्ध से सम्बन्ध स्थापित करता है तो प्रकारान्तर से वह रतिऊर्जा के ध्येय और विषय (Aim and object) को बदल देता है। समूची सृष्टि, जीवन और समाज के व्यापकतर और गहरे मूल्यों के प्रति स्वयं को समर्पित करता है जो प्रेम के दायरे में अभीप्सित आत्मदान से बड़ी चीज है। इसे ही उदात्तीकरण कहते हैं जिससे दमन की निष्कृति काफी हद तक सम्भव है। रतिऊर्जा के दमन से उबरने पर मृत्यु की इच्छा के दमन से भी उबरना होता है और इसीलिए कवि मृत्यु को भी खुले रूप में स्वीकारता है और कहता है कि 'मैं मरूँगा सुखी।'

जीवन और मृत्यु का यह सन्तुलन बहुत बारीक होता है और दमन भी चूँकि पूरी तरह समाप्त होनेवाली चीज नहीं चाहे जितना भी उदात्तीकरण क्यों न हो, इसलिए यह अवस्था चिरस्थायी नहीं होती। मनोविश्लेषण अध्ययन की विधि के रूप में अपनी उपादेयता यहीं तक स्थापित कर पाता है। अहं से निजात मनोविश्लेषण का क्षेत्र नहीं है। वेदान्तियों का मोक्ष और बौद्धों का निर्वाण देह रहते सम्भव होता है जो मनोविश्लेषण के लिए अकल्पनीय है। यहाँ हर चीज से निजात है, अहं (Ego) से नहीं। लेकिन कवियों और दार्शनिकों को अहं से भी निष्कृति वांछित है, वे शून्य (nothingness) के आकांक्षी हैं, वे कालबद्ध नियति से छूटना चाहते हैं और उनके इस उपक्रम को मनोविश्लेषण नहीं समझा सकता। अज्ञेय

'जन्मदिवस' कविता में प्रेम और मृत्यु की विरोधी इच्छाओं में जो सन्तुलन पा सके हैं, वे स्वयं जानते हैं कि वे बेहद बारीक और अनस्थायी हैं। वे आगे के काव्य विकास क्रम में इसीलिए अहं की समाप्ति की ओर बढ़ते दिखते हैं और दर्शन की शरण लेते हैं। इसीलिए आगे के विकास क्रम में जब प्रेम निर्वैयक्तिक होने लगता है, करुणा और प्रज्ञा पारमिता में रूपान्तरित होने लगता है तो मनोविश्लेषण अर्थ खोलने के औजार के रूप में काम देना बन्द कर देता है। एक-दूसरे धरातल पर इन कविताओं का ग्रहण सम्भव होता है। दर्शन की ओर अग्रसर होने का मतलब यह भी होता है कि 'अनुभूति' की सही पहचान मुश्किल होती जाती है और कोई भी वैज्ञानिक पद्धति काम नहीं आती। अज्ञेय इस दौर में प्रविष्ट होने से पहले क्रमशः गैर-रोमाण्टिक या आधुनिकतावादी तथा अस्तित्ववाद से प्रभावित दौर से गुजरते हैं।

सन्दर्भ-सूची

1. रामस्वरूप चतुर्वेदी, अज्ञेय और आधुनिक रचना की समस्या, ज्ञानपीठ प्रकाशन, 1968, पृ. 5.
2. अज्ञेय 'शेखर : एक जीवनी', पहला भाग, नेशनल पब्लिशिंग हाउस, पृ. 4.
3. रमेशचन्द्र शाह–अज्ञेय, साहित्य अकादमी, 1990 पृ. 18.
4. अज्ञेय-सदानीरा, भाग-2, पृ. 17.
5. नामवर सिंह–छायावाद, राजकमल, 1955, पृ. 58-59.
6. रमेशचन्द्र शाह–अज्ञेय, साहित्य अकादमी, 1990, पृ. 15-16.
7. जयशंकर प्रसाद–आँसू।
8. अज्ञेय–सदानीरा, भाग-2, पृ. 46.
9. वही, पृ. 18-19.
10. वही
11. वही, पृ. 125.
12. वही, पृ. 131.
13. वही, पृ. 58.
14. शेखर : एक जीवनी, भाग-1, पृ. 77.
15. अज्ञेय–सदानीरा, भाग-2, पृ. 56.
16. वही, पृ. 159-160.
17. वही, भाग-2, पृ. 201-202.
18. Norman O' Brown : Life against Death (Wesleyan University Press, पृ. 16 से उद्धृत)
19. अज्ञेय–सदानीरा, भाग-2 पृ. 15.
20. वही, पृ. 16

21. अज्ञेय–शेखर : एक जीवनी, भाग-2, पृ. 141.
22. अज्ञेय–सदानीरा, भाग-2, पृ. 27.
23. वही, पृ. 39.
24. वही, पृ. 27.
25. वही, पृ. 34.
26. वही, पृ. 38.
27. वही, पृ. 39.
28. Norman O' Brown-Life Against Death. The self and other तथा An Instinctual Dualism & Instinctual Dialectics नामक अध्यायों में की गयी स्थापना।
29. अज्ञेय–सदानीरा, भाग-2, पृ. 140.
30. वही, पृ. 200-201.

————

3

दूसरा दौर :

रूमानियत और उसका विरोध

'हरी घास पर क्षण-भर', 'बावरा अहेरी' और 'इन्द्रधनु रौंदे हुए ये' की कविताएँ

'I grow old...I grow old,
I shall wear the bottom of my trousers rolled

Shall I part my hair behind?
Do I dare to eat a peach?
I shall wear white flannel trousers, and walk upon the beach
I have heard mermaids singing, each to each

I do not think that they will sing to me,

I have seen them riding seaward on the waves
combing the white hair of the waves blown back
When the wind blows the water white and black.

We have lingered in the chambers of the sea
By sea-girls wreathed with seaweed red and brown
Till human voices wake us, and we drown!' [1]

'अल्फ्रेड जे. प्रूफ़ाक का प्रेम गीत' की ये अन्तिम पंक्तियाँ रोमान और कल्पना की दुनिया से जागे हुए व्यक्ति का आत्मालाप हैं। रंग-बिरंगे शैवालों का हार पहने, लहरों के श्वेत कुन्तलों को सँवारती, गाती और गुनगुनाती, लहरों पर सवार जलपरियों की दुनिया में खोये व्यक्ति को एकाएक इन्सानी आवाजें जगा देती हैं, जागते ही वह डूब जाता है उन्हीं इन्सानी आवाजों के बीच। रूमानियत और

कल्पना, प्रकृति, प्रेम और 'अतीत की याद' में शरण लेनेवाले, वास्तविकता में न पायी जा सकनेवाली सुन्दरता को कल्पना में ढूँढ़नेवालों को जगना पड़ता है अपनी तन्द्रा से—प्रूफ़ाक का यही सन्देश है। 1917 ई. में लिखी यह कविता गैर-रोमान की उपयुक्त प्रस्तावना है, खास तौर पर उस समसामयिक सन्दर्भ में जबकि मानवता ने पहला विश्वयुद्ध देख लिया था। पूँजीवाद के साम्राज्यवाद में परिणत होने के बाद विश्वयुद्ध सिर्फ एक अगला कदम मात्र था। इस विभीषिका ने सारी दुनिया के बौद्धिकों को अन्दर से हिला दिया था। बौद्धिकों और कलाकारों की ओर से दो तरह की प्रतिक्रियाएँ आयीं। एक किस्म के बौद्धिक वे थे जो इस विश्वयुद्ध को मनुष्यता की गिरावट और आध्यात्मिकता के क्षरण का परिणाम मान रहे थे, वे अन्धभौतिकता को इसके लिए जिम्मेदार ठहरा रहे थे। दूसरी तरह के बौद्धिक इस विश्वयुद्ध को राजनीतिक शक्तियों और वर्गहितों के आपसी संघर्ष के परिप्रेक्ष्य में देखकर अपना पक्ष चुन लेना चाहते थे। लेकिन इन दोनों प्रकार के बौद्धिकों में पीढ़ीगत अन्तर था। जहाँ पहले किस्म की प्रतिक्रिया विश्वयुद्ध के तुरन्त बाद और 1920 के दशक में आकार ग्रहण करती है, वहीं दूसरे किस्म की प्रतिक्रिया 1930 के दशक में। इलियट पहले किस्म के बौद्धिक थे। वे विश्वयुद्ध को एक 'ट्रेजेडी' और मानव मात्र की नैतिक गिरावट का परिणाम मान रहे थे। वे स्वयं इस अकस्मात् 'ट्रेजेडी' के आघात से जागे हुए कवि थे जिन्हें अपना प्रारम्भिक कवि-कर्म बेकार लग रहा था। एक साक्षात्कार में अपनी प्रारम्भिक कविताओं के बारे में बताते हुए उन्होंने कहा था, "मैं समझता हूँ करीब चौदह वर्ष की आयु में मैंने लिखना शुरू किया। मैं तब फित्ज़ेराल्ड के 'उमर खैय्याम' के प्रभाव में अत्यन्त विषादमय, अनीश्वरवादी और नैराश्यमूलक चतुष्पदियाँ वैसी ही शैली में लिखता था—जिन्हें मैंने सौभाग्य से पूरी तरह दबा दिया—इतनी पूरी तरह कि उनका अस्तित्व ही नहीं है। मैंने उन कविताओं को किसी को भी नहीं दिखाया।"[2]

कवि अज्ञेय ने अपनी 'रूमानियत विरोधी' कविताओं के पहले जो कविताएँ लिखीं (जिन पर विचार पिछले अध्याय में हो चुका है) उनके प्रति उनका रुख भी इलियट जैसा ही रहा। उन्होंने 'भग्नदूत' की तमाम कविताओं को 'इत्यलम्' में सम्मिलित नहीं किया और साथ ही यह भी वक्तव्य दिया कि जो सम्मिलित नहीं की गयीं, मान लिया जाय कि उनका अस्तित्व नहीं। अज्ञेय की रूमानियत विरोधी कविताओं को ही उनका सार्थक कविकर्म माननेवाले आलोचकों द्वारा उनकी प्रारम्भिक कविताओं की उपेक्षा किये जाने पर भी अज्ञेय ने प्रतिवाद नहीं किया। इलियट और अज्ञेय की अपने-अपने साहित्यों में जो भूमिकाएँ रही हैं उनमें साम्य के बिन्दु बहुत ज्यादा हैं, लेकिन उपर्युक्त नाचीज-सी लगनेवाली समानता जिस

महत्त्वपूर्ण बात की ओर इशारा करती है, वह यह कि रूमानियत का विरोध प्रायः कवि के अपने ही रूमानी तौर-तरीकों के खिलाफ एक प्रतिक्रिया है। प्रारम्भिक कविताओं को दबाना अपनी ही रूमानियत की चाह को दबाने जैसा है। रूमानियत विरोध इसीलिए यथार्थवाद नहीं है, भले ही वह यथार्थ के तमाम महत्त्वपूर्ण पक्षों को आलोकित करता हो। रूमानियत विरोधी कवि के अवचेतन में रूमानियत कहीं-न-कहीं बनी ही रहती है जो अनजाने ही उसका पथनिर्देश करती है।

पिछले अध्याय में कोशिश यह रही कि यथार्थ की अवहेलना पर टिकी 'आदिम एकत्व की कामना' को प्रेम की भित्ति माना जाये। बहुत-से लोगों के लिए यह यथार्थ की अवहेलना ही रूमानियत है। लायनेल ट्रिलिंग बी. एल. पैरिंगटन की पुस्तक 'मेन करेण्ट्स इन अमेरिकन थॉट्स' की समीक्षा के क्रम में इसी पुस्तक में रूमानियत की धारणा समेटते हुए लिखते हैं—''पैरिंगटन रूमानियत और रोमांस इन दोनों शब्दों का साथ-साथ उस अर्थ में इस्तेमाल करते हैं जिस अर्थ में ग्राउस्टार्क या ट्रेज़र आइलैण्ड एक रोमांस है, मानो कि रोमांस मुख्यतः दैनन्दिन तथ्यों की सीमितता की प्रमुदित अवहेलना ही हो। रोमांस अनुभव के इशारों को नज़रअन्दाज करता है। (piii), वह उफान है (piv) वह यूटोपिया है (pv), वह व्यक्तिवाद है (pvi) वह आत्मप्रवंचना है (p59), वह चित्रोपम या नयनाभिराम के प्रति आसक्ति है (p49), वह प्रयोग के प्रति वितृष्णा है (p50) किन्तु परिवर्तन के प्रति प्रेम है (piv), वह भावुक है (p192) वह देशभक्ति है, और तब वह सस्ता भी है (p235) इसका प्रयोग उन बातों के लिए किया जा सकता है जो (रोमांस का) क्लासिकल नहीं है किन्तु मुख्यतः इसका अर्थ यथार्थ की अवहेलना ही है। (p. p. ix, 136, 143, 147...)"[3]

रूमानियत विरोधी कवि 'दैनन्दिन तथ्यों की सीमितता' की और अवहेलना न कर सकने के कारण और वस्तुगत जीवन के तमाम दबावों के कारण अपनी रूमानियत को अस्वीकार करता है। किन्तु ऐसा करने मात्र से वह सामाजिक यथार्थवादी नहीं हो जाता है। उसने अपने रूमानियत के दिनों में आदिम एकत्व का स्वप्न देखा था जो कि आदिम आत्मरति (Primal narcissism) का ही दूसरा नाम है। रूमानियत विरोधी कवि यथार्थ के दबाव में आत्मरति का तो परित्याग कर देना चाहता है लेकिन एकत्व की सम्मोहक चाह उसके अचेतन में बनी रहती है। अब वह व्यक्तिवादी नहीं रहना चाहता बल्कि निर्वैयक्तिकता की चाह रखता है। अब वह अतीत के सम्मोहन से मुक्त वर्तमान की सत्ता को स्वीकारता है। अब वह आत्मनिष्ठ की जगह वस्तुनिष्ठ हो चला है। वह प्रेम को भी छोड़ बैठता है क्योंकि सारा प्रेम आत्मरति ही है, लेकिन इस सबके बावजूद वह 'एकत्व' की ज़िद

नहीं छोड़ पाता। लेकिन अब 'एकत्व' पुराने रास्ते अर्थात् प्रेम के माध्यम से नहीं पाया जा सकता। वह माध्यम वह स्वयं ही तिरस्कृत कर चुका है। तब एकत्व की चाह पूरी होती है धर्म, दर्शन और रहस्य के रास्ते से जो कि 'अहं के विलयन' का रास्ता है। यह पुराना रास्ता है जिसमें 'स्व' को किसी बड़ी परासत्ता की अभिव्यक्ति मान लिया जाता है। इयत्ता और सत्ता के बीच अहं ही बाधक है और इसलिए उससे ही निजात पाना सबसे जरूरी हो जाता है। इलियट और अज्ञेय की काव्य-यात्राएँ इसी दिशा की ओर बढ़ती हैं। इलियट दैनन्दिन तथ्यों के प्रति खूब जागरूक थे और अपने समय की तमाम मानवीय समस्याओं से लगातार दो-चार होते रहे लेकिन उनकी चिन्ता के केन्द्र में 'विखण्डित अनुभव' ही रहे। 'फोर क्वारटेट्स' इसी विषय पर एक साभिप्राय और लम्बा प्रबन्ध है जिसका अन्त कालातीत सम्पूर्णता के प्रशान्त एकत्व में होता है–

And all shall be well and
All manner of thing shall be well
When the tongues of flame and infolded
into the crowned knot of fire
And the fire and the rose are one.[4]

उत्तर अज्ञेय का तमाम काव्य इसी भव्य शान्ति, इसी सम्पूर्णता, इसी तरह की निरभ्र एकान्तता का संगीत है, 'असाध्य वीणा' जिसकी सर्वोत्तम मिसाल है। रूमानियत- विरोध इसीलिए अनस्थायी दौर होता है जिसका महत्त्व किसी कवि जीवन में इस बात से तय होता है कि उसके (रूमानियत-विरोध के) पहले क्या था और बाद में क्या हुआ। अज्ञेय के सन्दर्भ में रूमानियत विरोध इसी तरह रूमानियत और दार्शनिक तथा रहस्य काव्य के बीच स्थित है। रूमानियत जिस एकत्व को प्राप्त करने का उपकरण है, उसी एकत्व को जब प्रेमेतर माध्यम से पाने की कोशिश होती है, तब दर्शन और रहस्य की कविताओं की सृष्टि होती है लेकिन इस संक्रमण में रूमानियत विरोध का दौर बीच में आता है। रूमानी एकत्व में और दार्शनिक एकत्व में अहं की भूमिका को लेकर अन्तर है। एक में जहाँ अहं को इतना स्फीत किया जाता है कि उसके बाहर कुछ रह ही न जाये, तो दूसरे में अहं को इतना छोटा बनाया जाता है कि अन्ततः वह समाप्त होकर विश्वात्म में विलीन हो जाये। दोनों ही प्रक्रियाओं में योगफल एक ही रहता है अर्थात् 'एकत्व'। रूमानी एकत्व में आस्था का उतना महत्त्व नहीं जितना कि स्वप्न का, जबकि दार्शनिक एकत्व में स्वप्न आस्था का रूप ले लेता है और आस्तिकता अनिवार्य हो जाती है। 'शेखर' अज्ञेय के रूमानी दौर की सृष्टि है जो जितना स्वप्नशील है उतना ही

विद्रोही—जाति, धर्म, परिवार और राजनीति के सारे संस्थानों के प्रति जिसमें एक निहिलिस्ट किस्म का वितृष्ण भाव है। लेकिन उत्तर—अज्ञेय के काव्य में स्वप्न के आस्तिकता में बदल जाने के कारण विद्रोहीपन जाता रहा। दैनन्दिन जीवन के तथ्य जो कि रूमानियत में भी अपनी जगह बनाकर घुस आते थे, 'तथता' के संसार में उनका प्रवेश निषिद्ध हो जाता है। लेकिन अज्ञेय की कविता के इन दो दौरों के बीच जो रूमानियत विरोध का दौर है वह ही उनकी सामाजिक सम्पृक्ति की अच्छी कविताओं का भी दौर है जो कि 'एकत्व प्राप्ति' के लक्ष्य की ओर प्रत्यावर्तन करने से पहले लिखी गयी हैं। रूमानियत से विद्रोह करनेवाली कविता की परिणति यदि सामाजिक यथार्थवाद में नहीं होती तो समझना चाहिए कि सम्पूर्णता और एकत्व की चाह अवशिष्ट रह गयी है जिसकी पूर्ति दर्शन और रहस्य के माध्यम से की जानी है। इलियट और अज्ञेय दोनों ही इसी राह बढ़े। दोनों ही भावातीत सत्ता (Transcendental reality) को मानते हैं और उसी में 'अहं के विलयन' की सम्भावना खोजते हैं। अज्ञेय के यहाँ कलाकार ('असाध्य वीणा' में) किसी महान्, गुरुतर सृजनशक्ति को समर्पित होता है। बिना अपनी अलग पहचान को खोये, बिना कालातीत सृजनशक्ति के सामने पूरी तरह प्रणत हुए, विनत हुए कोई सर्जन नहीं होता। उत्तर अज्ञेय का ढेर सारा काव्य इसी सर्जनशक्ति का आह्वान है और कवि स्वयं उस सर्जनशक्ति का माध्यम बनने में ही कविकर्म की सार्थकता मानता है—काव्य की दैवी उत्पत्ति के बहुत पुराने सिद्धान्त की अनुगूँजें यहाँ सुनायी देने लगती हैं।

अज्ञेय के यहाँ वस्तुओं की अपेक्षा सम्बन्ध रह जाते हैं, प्यार करनेवाले की जगह सिर्फ प्यार रह जाता है, वस्तु और मानव की उपस्थिति कविता में कम से कमतर होती जाती है—पूरा काव्य बिना पात्र का होता जाता है जिसे निर्वैयक्तिक प्रेम कहा जाता है—वह क्षमा और करुणा जैसे भावों में बदल जाता है जिनकी वाष्पाकुल आर्द्रता अस्पृश्य होती जाती है। 'चिन्ता' की प्रेम कविताओं में जिस तरह प्रेम और वैयक्तिक स्वाधीनता के उलझे हुए प्रश्नों से कवि दो-चार होता है, वह सब यहाँ नहीं है। फिर भी कुछ है जो इन कविताओं में भी आकर्षण जगाता है—शायद भारतीय पाठक का संस्कार भी इन कविताओं के अनुरूप बैठता हो।

दूसरे दौर की कविताओं में हम 'हरी घास पर क्षण-भर' (1949), 'बावरा अहेरी' (1954) और 'इन्द्रधनु रौंदे हुए ये' (1957)—इन तीन संग्रहों को समाहित कर सकते हैं। इन संग्रहों की कविताओं में प्रधानता रूमानियत विरोधी कविताओं की नहीं है जिसके कारण इस पूरे दौर को रूमानियत विरोधी कविता का दौर कहा जा सके। यह दौर अत्यन्त रंग-बिरंगा और विषयबहुल है। 'इत्यलम्' में ही 'शिशिर

की राका निशा' (1941) जैसी कविताएँ लिखकर रूमानियत विरोध में प्रयोग अज्ञेय कर चुके थे। 'इत्यलम्' की ही 'माघ फागुन चैत' (1945) कविता जिसकी ओर रूमानियत-विरोधी कविता के अध्येताओं का ध्यान कम गया है, इस भावबोध की उत्तम कविता है। आम तौर पर प्रकृति के अत्यन्त मनोरम चित्र उकेरनेवाले कवि के यहाँ प्रकृति के विरूप चित्र (जो गाँव की गरीबी से जुड़ते हों) यदि मिल जायें तो उसे भावबोध में आये परिवर्तन की निश्चित सूचना मानना चाहिए।

सहसा झरा फूल सेमर का गरिमा गरिम, अकेला, पहला,
क्या टूट चला सपना बसन्त का चौबारा, चौमहला, लाल रूपहला?
झर झर झर लग गयी झड़ी-सी
टहनी पर बस टँगी रह गयी अर्थहीन उखड़ी-सी
टुच्ची बुच्ची ढोड़ियाँ लढूरी पर खोंसे झुलसे पाखी-सी
खिसियाए मुँह बाये।
पहले ही सकुची सिमटी
दब गयी पराजय के बोझे से लद किसान की झुकी मड़ैया।
क्रमशः आये
दिन चैती : सौगात नयी क्या लाये?
—बाल बिखेरे, अपना रूखा सिर धुनती (नाचे ताथैया)
बेचारी हर झोंके-मारी, विरस अकिंचन सेमर की बुढ़िया मैया।[5]

'हरी घास पर क्षण-भर' में संकलित 'देखती है दीठ' कविता में कवि प्रेम और परिणय के आत्मतुष्ट और सुरक्षित संसार के खोखलेपन को विडम्बना की युक्ति से उद्घाटित करता है। यह कविता 'शिशिर की राका निशा' की अपेक्षा प्रयोग के स्तर पर आगे ही कविता है। 'शिशिर की राका निशा' एक वक्तव्य से शुरू होती है जिसमें रूमानियत का स्पष्ट नकार है। आगे के चित्र इस वक्तव्य की व्याख्या में नियोजित हैं। यहाँ पाठक यथार्थ का वैसा झटका नहीं महसूस करता। स्थितियों के विसादृश्य से कोई चमत्कारपूर्ण बोध नहीं उत्पन्न होता बल्कि पहले से ही दिये गये वक्तव्य की अभिपुष्टि होती चली जाती है। 'देखती है दीठ' में तो पाठक अन्तिम पंक्ति में जाकर ही कविता की मूल संवेदना को झटका खाकर पहचानता है। यह चमत्कार चमत्कार के लिए नहीं बल्कि पाठक के काव्य संस्कार को धक्का देने के लिए लाया गया है—

हँस रही है वधू—जीवन तृप्तिमय है
प्रिय वदन अनुरक्त—यह उसकी विजय है।

गेह है, गीत, गति है, लय है, प्रणय है—
सभी कुछ है
देखती है दीठ—
लता टूटी, कुरमुराता मूल में है सूक्ष्म भय का कीट।[6]

'माहीवाल से' नाम की कविता भी बहुचर्चित है और यहाँ भी कवि 'सोहनी-माहीवाल' की लोक प्रचलित प्रेम कहानी और आदिकवि वाल्मीकि द्वारा क्रौंच वध के समय बहेलिये को श्राप देने के साथ ही विश्व की पहली कविता के जन्म की अनुश्रुति, इन दो अत्यन्त लोकप्रिय भावुक प्रसंगों की पृष्ठभूमि पर दो अत्यन्त विसादृश्य चित्रों को खींच कर भावुकता का विडम्बन करता है—पुरानी अनुश्रुतियों की पैरोडी बनाता है। समसामयिक सच्चाई कैसे परम्परित भावबोध को असम्भव बना देती है, इसी का प्रतीकात्मक प्रस्तुतीकरण इस कविता में हुआ है। 'हरी घास पर क्षण-भर' में ही संकलित कविता 'सबेरे-सबेरे' भी प्रकृति के पुराने रूमानी वातावरण का मजाक बनाते हुए लिखी गयी कविता है। यहाँ यह कहना उचित होगा कि स्वयं रूमानियत विरोधी भावबोध की कविताएँ भी अज्ञेय में दो तरह की हैं—एक तो वे जो व्यंग्य से भी आगे बढ़कर परम्परित भावबोध का मजाक तक उड़ाती हैं। दूसरी ओर वे कविताएँ भी हैं जो अपनी निष्पत्ति में गम्भीर हैं और किसी ऐसी सामाजिक सच्चाई की ओर संकेत करती हैं जो रूमानी भावबोध की आत्मतुष्टता और स्वतः सम्पूर्णता को धक्का पहुँचाती हैं। ऊपर जिन कविताओं की चर्चा अभी तक हुई है उनमें 'माहीवाल से' तथा 'सबेरे-सबेरे' वास्तव में रूमानियत का मजाक बनानेवाली कविताएँ हैं जबकि 'माघ-फागुन-चैत', 'शिशिर की राका निशा' तथा 'देखती है दीठ' जैसी कविताएँ किसी-न-किसी सामाजिक सच को सामने लाती हैं जिसके सम्मुख रूमानियत की अपर्याप्तता और व्यर्थता को खोला जाता है। 'सपने मैंने भी देखे हैं' शीर्षक कविता में कवि एक बार फिर अधिक सपाट ढंग से रूमानियत के विरोध की जरूरत बताते हुए एक वक्तव्य देता है जिसमें स्वयं यह स्वीकार करता है कि पहले वह स्वप्नदर्शी था लेकिन अब वह उस स्थिति में नहीं रह सकता—

आज स्वप्न-वीथी से मेरे पैर अटपटे भटक गये हैं—
तो वह क्यों? इसलिए कि आज प्रत्येक स्वप्नदर्शी के आगे
गति से अलग नहीं पथ की यति कोई।
अपने से बाहर जाने को छोड़ नहीं आवास दूसरा।
भीतर-भले स्वयं साईं बसते हों

पिया-पिया की रटना, पिया न जाने आज कहाँ है :
सूली पर जो सेज बिछी है, वह—वह मेरी है।[7]

(हरी घास पर क्षण-भर)

इसी संग्रह की एक अन्य कविता 'पुनराविष्कार' प्रेम की रिक्तता, उसकी नीरसता, उसकी नृशंसता के बारे में एक वक्तव्य है जो कवि के लिए प्रणय भावना का 'पुनराविष्कार' है। क्या क्लासिकीय प्रेम और क्या ही रूमानी प्रेम, दोनों में प्रेम आनन्द का उत्स है। रूमानी प्रेम में विशेष रूप से महानता, दिव्यता, अलौकिकता, निस्वार्थता आदि का आरोप किया जाता रहा है। ऐसे में कवि समसामयिक सन्दर्भों में प्यार का ऐसा 'पुनराविष्कार' करता है जो प्रेम की मसृणता के मिथ (myth) को तोड़ डालता है।

कुछ नहीं, यहाँ भी अन्धकार ही है,
काम-रूपिणी वासना का विकार ही है
यह गुँथीला व्योमग्रासी धुआँ जैसा
आततायी दृप्त-दुर्दम प्यार ही है।[8]

(हरी घास पर क्षण-भर)

वासना और दूसरे को अपने अधीन करने की इच्छा ही अब प्यार है, 'आत्मदान', 'समर्पण', 'बलिदान' आदि भावों से जिसका कोई वास्ता नहीं। यह बात एक ऐसे कवि के मुख से प्रकट होती है जो प्रधानतः प्रेम में इन्हीं भावों का कवि रहा है। यह विपर्यय चौंकानेवाला है।

'कवि हुआ क्या फिर' में कवि अज्ञेय रचना प्रक्रिया के कोण से रूमानियत विरोध पर प्रकाश डालते दीखते हैं। वे यहाँ नये पाये गये बोध को अन्तस्थ करने की बात कर रहे हैं और साथ ही कविता के स्वायत्त संसार को एक काव्येतर लक्ष्य अर्थात् 'लोक के कल्याण' से परिचित करा रहे हैं। यहाँ फिर एक बार सामाजिक वास्तविकता का दबाव सूचित होता है। पूरे संसार की रूमानियत की कविता में 'निर्झर' या 'सोता' उच्छल भावावेग का सर्वमान्य प्रतीक रहा है। वड्र्सवर्थ के स्वतः स्फूर्त भावोच्छलन (Spontaneous outburst of emotions) में इसी की ध्वनि है। कवि यहाँ भावनाओं को 'खाद' से प्रतीकित करते हुए गलदश्रु भावुकता का प्रत्याख्यान करता है। लेकिन भावनाएँ खाद हैं तो 'लोक कल्याण के अंकुर' के लिए ही। रूमानियत विरोध में प्रेम का नकार नहीं है बल्कि प्रेम के परम्परित बोध का नकार है। 'कलगी बाजरे की' नाम की कविता साधारण दैनन्दिन और सामान्य जीवन स्थितियों में प्रेम की सम्भाव्यता, उसके विस्तार, ऐश्वर्य और औदार्य की अभिव्यक्ति की कविता है। पुराने प्रतीकों से देवताओं का कूच कर जाना सिर्फ

भाषा अथवा रूप का संकट नहीं बल्कि कहीं बड़े संवेदना के संकट का द्योतक है। बदलती जीवन स्थितियों में महसूस करने के तरीकों से परिवर्तन यदि नहीं आयेगा तो कविता जीवन से कट जायेगी। यदि प्रेम को ही लें तो आज का प्रेम वही नहीं है जो कि कालिदास अथवा भवभूति के समय था। यही नहीं, बल्कि आज का प्रेम वह भी नहीं है जो कि निराला या प्रसाद के लिए था। उदाहरण के लिए प्रेम में शिवेलरी (chivalry) का तत्त्व आज अप्रासंगिक है जबकि सामन्तकाल में इसके बगैर प्रेम की कल्पना ही नहीं की जा सकती थी। 'दूसरा सप्तक' की भूमिका में अज्ञेय का कथन इस बात को अधिक व्यवस्थित ढंग से व्यक्त करता है, ''यह कहा जा सकता है कि हमारे मूल राग-विराग नहीं बदले—प्रेम अब भी प्रेम है और घृणा अब भी घृणा, यह साधारणतया स्वीकार किया जा सकता है। पर यह भी ध्यान में रखना होगा कि राग वही रहने पर भी रागात्मक सम्बन्धों की प्रणालियाँ बदल गयी हैं और कवि का क्षेत्र रागात्मक सम्बन्धों का क्षेत्र होने के कारण इस परिवर्तन का कविकर्म पर बहुत गहरा असर पड़ा है।...जैसे-जैसे बाह्य वास्तविकता बदलती है वैसे-वैसे हमारे उससे रागात्मक सम्बन्ध जोड़ने की प्रणालियाँ भी बदलती हैं...और अगर नहीं बदलतीं तो उस बाह्य वास्तविकता से हमारा सम्बन्ध टूट जाता है।''[9]

अज्ञेय की रूमानियत विरोधी भावबोध की कविताएँ संख्या में निश्चित ही इतनी कम हैं कि अज्ञेय के वास्तविक कविकर्म की पहचान इन्हीं से करने का आग्रह करना स्वयं कवि के प्रति अन्याय है। प्रायः 'हरी घास पर क्षण-भर' तक ही इन कविताओं को आसानी से लक्षित किया जा सकता है। वर्ष 1949 इस भावबोध की कविता के लिए विशेष रूप से उल्लेखनीय है। लेकिन बहुत बाद में 1954 में 'इन्द्रधनु रौंदे हुए ये' में संकलित कविता 'हमने पौधे से कहा एक बार' में फिर कवि की अपनी ही बनायी सुरक्षित दुनिया में रहने पर व्यंग्य बाण छोड़े गये हैं—

किन्तु तुम (नभचारी) मिट्टी की ओर मत देखना,
किन्तु तुम (गतिशील) जड़ें मत छोड़ना,
किन्तु तुम (प्रकाश-सुत) टोहना न कभी अन्धकार को,
किन्तु तुम (रससिद्ध) कर्दम से नाता मत जोड़ना,
किन्तु तुम (स्वयम्भू) पुष्टि की अपेक्षा मत रखना।[10]

नये अनुभव के प्रति अपने को न खोलनेवाला, अपने ही बनाये काल्पनिक संसार में भटकनेवाला टिपिकल कवि यहाँ कवि के व्यंग्य बाणों का निशाना बना है।

कवि अज्ञेय की रूमानियत विरोधी कविताएँ संख्या में कम होने पर भी महत्त्वपूर्ण हैं। महत्त्व का पहला बिन्दु तो यही है कि इससे उनकी रूमानी कविताओं में भी आवेग का शमन हुआ है और कविताएँ अधिक परिपक्व अनुभवशीलता की वाहक हुई हैं। अज्ञेय की रूमानियत विरोधी कविताओं के व्याख्याकार डॉ. रामस्वरूप चतुर्वेदी भी इस बात को स्वीकारते हैं–"लगता है गैर रोमाण्टिक वृत्तियों के विकास ने शायद कवि को अधिक आत्मविश्वास दिया है–रोमाण्टिक वस्तुओं के अंकन में भी। रचनाकार का व्यक्तित्व अब अधिक परिष्कृत और संकोचहीन हो चला है।"[11]

केदारनाथ सिंह के शब्दों को भी इसी सिलसिले में रखना बात को अधिक स्पष्ट करेगा–"कुछ आलोचकों की यह शिकायत है कि अज्ञेय की प्रेम सम्बन्धी कविताओं में एक ठण्डापन है। सच्चाई यह है कि यह एक प्रकार की रचनात्मक परिपक्वता है जिसके चलते वे अनुभव के ताप को पचा लेते हैं और केवल कुछ संकेत बचे रह जाते हैं, कुछ स्थितियाँ, एक टटोलने का-सा भाव बहुत कुछ स्पर्शातुर अँगुलियों की व्यग्रता की तरह।"[12]

कवि की रूमानी कविताओं को एक रचनात्मक परिपक्वता प्रदान करने के अतिरिक्त रूमानियत विरोध ने अज्ञेय के कवि को सामाजिक और दूसरी मानवीय अस्तित्वगत समस्याओं के प्रति अधिक जागरूक बनाया। जिस दौर में वे रूमानियत विरोधी भावबोध की वकालत कविताओं में जोर-शोर से कर रहे थे, उसी दौर में वे शरणार्थी शृंखला की ग्यारह कविताएँ (1947) हमारा देश (1949), हवाई यात्रा (1957), दफ्तर : शाम (1952), शोषक भैया (1953) आदि कविताओं में अपने समय की ज्वलन्त समस्याओं पर प्रतिक्रिया करते हैं। 'इन्द्रधनु रौंदे हुए ये' में सामाजिक बोध की कविताएँ अधिक हैं। 'इतिहास का न्याय', 'मैं वहाँ हूँ', 'इतिहास की हवा', 'सीढ़ियाँ', 'महानगर : रात', 'हवाई यात्रा : ऊँची उड़ान', 'पश्चिम के समूहजन', 'भर गया गगन में धुआँ' आदि कविताएँ वर्ग शोषण से लेकर पर्यावरण प्रदूषण तक अनेक सामाजिक विषयों पर लिखी गयी कविताएँ हैं।

अज्ञेय के यहाँ रूमानियत विरोध का दौर यदि इलियट से तुलना की जाय तो अत्यन्त नगण्य है। इलियट में रूमानियत विरोध का दौर बहुत लम्बा है और वे स्वयं इस भावबोध से अधिक गहरे स्तरों पर जुड़े हैं। अपने समय की भयानक वास्तविकताओं के दबाव में पुरानी कविता से उनका मोहभंग हुआ था। इसीलिए रूमानियत और सामाजिक यथार्थ के कवियों के बीच में महत्त्वपूर्ण कड़ी थे। अज्ञेय के बारे में यही नहीं कहा जा सकता। रूमानियत से इलियट का मोहभंग इतना सम्पूर्ण और समग्र था कि वे उस दौर में प्रेम की सम्भाव्यता को लेकर ही सशंकित

थे जबकि अज्ञेय के यहाँ इस रूमानियत विरोधी दौर में भी प्रेम सम्भव है। इलियट स्त्री-पुरुष के बीच संवादहीनता को उस युग की अभिलक्षक प्रवृत्ति मानते थे। उनके यहाँ इस समस्या की आवृत्ति बारम्बार हुई है। प्रेम की सम्भावना का समाप्त होना, स्त्री-पुरुष के बीच संवाद का सहज न रह जाना उनके यहाँ अकेलेपन की समस्या को उभार देता है। 'द कॉकटेल पार्टी' नामक उनके नाटक में सिलिया द्वारा मनोचिकित्सक को कहे गये ये वचन कितने अर्थगर्भ हैं–

No...it isn't that I want to be alone,
But that everyone's alone and or so it seems to me,
They make noises, and think that they are talking to each other
They make faces, and think they understand each other,
And I'm sure that they don't.[13]

अज्ञेय के यहाँ यदि अकेलापन है भी तो प्रेम के दायरे में ही है जिसमें विगत प्रेम की स्मृतियाँ हैं और जिसे रूमानी अकेलापन भी कह सकते हैं। लेकिन इलियट के यहाँ अकेलापन सभ्यता के एक बड़े रोग का आकार ग्रहण करता है जो प्रेम से रहित संसार में स्वाभाविक ही है। अज्ञेय के यहाँ रूमानियत-विरोध 'प्रभावग्रहण' से आता है जबकि इलियट के यहाँ वह वास्तविकता के भयानक दबाव से निष्पन्न हुआ है। इसीलिए इलियट के यहाँ यह दौर अधिक स्थायी और अधिक लम्बा है। रूमानियत विरोध अधिक समग्र और संग्रथित है। प्रथम विश्वयुद्ध और पूँजीवाद के संकट को उन्होंने प्रत्यक्षतः महसूस किया था और उसकी विभीषिका से गहरे प्रभावित हुए थे। इस अभूतपूर्व मानवीय संकट का हल ढूँढ़ने में उनकी कविता में प्रबन्धात्मकता आ गयी जबकि अज्ञेय के यहाँ शहरी जीवन, पर्यावरण, गाँव की विपन्नता आदि के स्फुट चित्र ही मिल सकेंगे। अज्ञेय का रूमानियत विरोध इसीलिए इलियट के 'प्रभावग्रहण' के कारण सम्भव हुआ है। हालाँकि बदलती परिस्थितियों के दबाव की भी ऐकान्तिक अवहेलना नहीं की जा सकती है। इस 'रूमानियत विरोध' का महत्त्व इस बात में निहित है कि उसने उनकी रूमानियत को अधिक परिपक्व बना दिया है। इसके साथ ही प्रेमेतर मानवीय समस्याओं के प्रति वे अधिक जागरूक और संवेदनशील हो उठे हैं।

रूमानियत विरोधी कविताओं के साथ-साथ उत्कृष्ट रूमानी भावबोध की कविताएँ इस दौर में अज्ञेय की लेखनी से निकलती रहीं। 'हरी घास पर क्षण-भर' शीर्षक कविता ऐसी ही एक उत्कृष्ट रचना है। दो पुराने प्रेमी जो अब सिर्फ मित्र हैं, एक खुली जगह में बैठकर अपनी साझे अतीत की स्मृतियों को जगा रहे हैं।

यह एकान्त में नगर की आपाधापी से दूर दो पुराने प्रेमियों का मिलना, प्रकृति के प्रांगण में क्षण-भर को अपने विगत प्यार के दिनों में डूब जाना किसी पलायन, पापबोध या दबी वासना की विकृति का सूचक नहीं बल्कि सभ्यता की रूढ़ियों से और दैनन्दिन जीवन की विवशताओं से जी छुड़ाकर एक मुक्ति के अहसास का उपक्रम है। मुखौटों और आवरणों की दुनिया से क्षण-भर की छुट्टी लेकर यह दो मित्र जो कभी प्रेमी थे, अपने प्रेम को एक बार फिर जी लेते हैं। यही क्षण उनकी मुक्ति का क्षण है, सीमाहीन खुलेपन का क्षण है। यहाँ से फिर ताजे होकर वे जायेंगे अपनी अलग-अलग दुनियाओं में। डी. एच. लारेंस ने आधुनिक मनुष्य की मुक्ति का एक ही उपाय बताया था और वह था उद्दाम सीमाहीन प्रणय। रूढ़िग्रस्त सामाजिक जीवन, पेचीदा जीवन स्थितियों और उनसे पैदा हुए तनावों को सिर्फ और सिर्फ प्रेम के माध्यम से ही सहनीय बनाया जा सकता है। लारेंस की ही कुछ पंक्तियों को उद्धृत करने का लोभ होता है–

And if, in the changing phases of man's life
I fall in sickness and in misery
My wrists seem broken and my heart seems dead
and strength is gone, and my life
is only the leavings of a life:[14]
and still, among it all, snatches of lovely oblivion, and snatches of renewal
odd, wintry flowers upon the withered stem, yet new, strange flowers
such as my life has not brought forth before, new blossoms of me

'हरी घास पर क्षण-भर' भी प्रेमयुक्त विस्मरण (Lovely oblivion) के इन अल्पस्थायी क्षणों को पाने की कविता है। प्रेम की स्मृतियाँ जीवन की मुश्किलों को थोड़े समय के लिए भुला देने के लिए ही जगायी गयी हैं।

यहाँ एक आधुनिक स्थिति का चित्रण है जहाँ प्रेमी और प्रेमिका चाहे तो आपसी कारणों से अथवा सामाजिक कारणों से प्रेमी-प्रेमिका नहीं बने रह सकते लेकिन दोनों ने इस स्थिति को बिना किसी आपसी कलुष के स्वीकार कर लिया है। अब वे मित्र हैं लेकिन अपने लिये यह छूट अवश्य लेते हैं कि कभी चाहें तो फिर एक साथ बैठकर अपने पुराने दिनों को याद कर लें और फिर नये हो जायें। एक ही व्यक्ति एक समय प्रेमी है और दूसरे समय में मित्र, यह स्थिति पुरानी

कविता के लिए अकल्पनीय थी। पुरानी कविता में तो एक ही वय के स्त्री-पुरुष का सम्बन्ध प्रेम के अलावा कुछ हो ही नहीं सकता। नयी स्थितियों में जब वैयक्तिक प्रणय का अवकाश काफी अधिक है तो दो व्यक्ति एक-दूसरे के साथ पूरी तरह घुलमिल कर एक-दूसरे को पूरी तरह जान समझकर प्रेम कर सकते हैं और यही आपसी घनिष्ठता दोनों को यह भी अहसास करा सकती है कि दोनों में अब प्यार नहीं रहा और फिर बिना आपसी कटुता के वे एक-दूसरे से अलग हो सकते हैं।

नयी स्थितियाँ और नयी संवेदना अभिग्रहण के पुराने तरीकों को भी ध्वस्त करती हैं। 'हरी घास पर क्षण-भर' को 'संयोग-विप्रलम्भ' के पारम्परिक ढाँचे में समझा ही नहीं जा सकता। इस कविता के दो पात्रों के बीच अतीत में कभी प्रेम रहा था, इसलिए वर्तमान में उनके मिलन को संयोग शृंगार के अधीन नहीं माना जा सकता और न ही यह क्षण वियोग का ही है। दो स्वाधीन व्यक्ति इतने नये-नये तरीकों से आपसी आदान-प्रदान करते हैं कि पुरानी सामाजिकता, पुराने मूल्यबोध और उनसे निकली पुरानी अनुभव-प्रणाली चरमरा उठती है। यह कविता एक अन्तरंग क्षण (Intimate moment) की कविता है जिसमें यह ध्वनित है कि प्रेम किन्हीं अन्तरंग क्षणों में ही आकार पाता है। उसमें स्थायित्व की कामना व्यर्थ है। कामेच्छा या प्रेम में दूसरे की चेतना को स्वायत्त करने का भाव रहता है जो कि उस दूसरे की स्वायत्तता पर हमला है। कुछ चिन्तकों ने प्रेम और स्वाधीनता के इस असामंजस्य से बचने के लिए प्रेम में भी एक सुरक्षित दूरी की कल्पना की है, एक मित्रता का-सा भाव विकसित करने पर जोर दिया है जो एक-दूसरे की स्वाधीनता को पूरी तरह मानते हुए भी अन्तरंगता (Intimacy) बनाये रख सकता है। यह सखा-भाव, यह आवेग का प्रशमन ही प्रेम की परिपक्वता है जहाँ प्रेम में कामेच्छा की तृप्ति की अपेक्षा अन्तरंगता को अधिक महत्त्व दिया जाता है।

'हरी घास पर क्षण-भर' शीर्षक संकलन में किसी पिछले प्रेम की याद अनेक कविताओं में गूँजती है। 'पराजय है याद' शीर्षक कविता में पुराने प्रेम की याद को कवि अपनी पराजय मानता है। लेकिन आगे इसी संकलन में 'मुझे सब-कुछ याद है' शीर्षक कविता विगत सभी प्रणयों की उदार स्वीकृति है। यह कविता रतिक्रिया के आरम्भिक उपक्रमों के साथ खुलती है, लेकिन इस क्रिया में लिप्त रहते हुए भी कर्त्ता को पुराने सारे प्रणयों की स्मृति झकझोरती है। वर्तमान की उत्तेजना और अतीत की स्मृतियों में एक तनाव व्यंजित होता है जो रतिक्रिया के वर्णन के बावजूद कविता में एक ठण्डापन ले आता है। रतिक्रीड़ा में इन्द्रियाँ जागती हैं लेकिन मन किन्हीं सुदूर स्मृतियों के आँचल में सो रहा होता है—

"किन्तु सोयी इन्द्रियों को जगाकर जो स्वयं सोता है–
वह सभी को याद करता है
जो भुलाता है, नहीं वह भूल पाता
जो रमाता है, स्वयं निर्लेप है वह
वही कहता है कि वे सब प्यार भी
जी रहे हैं–तड़पते हैं–हैं।"[15]

प्रेम में सामीप्य पाने के बाद एक-दूसरे को समझने की कोशिश शुरू हो जाती है, लेकिन हर एक व्यक्ति चूँकि एक स्वतन्त्र इकाई है और चूँकि उसकी अपनी आपेक्षिक स्वायत्तता है, इसीलिए हरदम ऐसा नहीं होता है कि सामंजस्य या मतैक्य तक प्रेमीजन पहुँच पायें। उनके अपने अलग-अलग 'संवेदनात्मक पुंजों' का अलग-अलग इतिहास है जिन्हें वे सम्पूर्णत : एक-दूसरे के आगे नहीं खोल सकते। न तो प्रेम में पूर्णतः एक-दूसरे को जाना जा सकता है और न ही पूर्णतः स्वयं को अभिव्यक्त किया जा सकता है। 'अकेली न जैयो राधे जमुना के तीर' में भी 'मुझे सब-कुछ याद है' की ही तरह वर्तमान प्रेम और अतीत के प्रेम का सूक्ष्म ढंग से समक्षीकरण किया गया है। नदी में (सम्भवतः नाव पर) प्रेमी-प्रेमिका का वार्त्तालाप हो रहा है। प्रेमिका का आग्रह है कि नदी किनारे के नरसल के झुरमुट में चला जाय। प्रेमी कहता है कि सन्ध्या का समय है और चाँदनी भी लगभग खिल आयी है, नदी किनारे की उदास रेती पर जाने से अच्छा है कि नदी पर ही रहा जाये। इस पर प्रेमिका उसके अरसिकपन पर उसे उलाहना देती हुई कहती है–

"नदी किनारे रेती पर आता है कोई दिन में?
कवि बने हो! युक्तियाँ हैं तभी थोथी-निरा शब्दों का विलास है।"[16]

यह सुनकर प्रेमी मौन रह जाता है क्योंकि 'मौन ही है गोद जिसमें अनकही कुल व्यथा सोती है।' अन्तिम पंक्ति में जाकर ही अत्यन्त सूक्ष्म संकेत के माध्यम से हम जान पाते हैं कि प्रेमी क्यों प्रेमिका के आग्रह को मना कर रहा था। अन्त में जब स्वयं से ही प्रेमी कहता है, 'क्या जरूरी है दिखाना तुम्हें वह जो दर्द मेरे पास है?' तब जाकर कुछ-कुछ अन्दाज होता है कि नरसल के झुरमुट से उसके पिछले प्यार की स्मृतियाँ जुड़ी हैं जो वहाँ जाने से उसके घावों को फिर से हरा कर जायेंगी। 'बावरा अहेरी' में संकलित कविता 'जाता हूँ सोने' में सोने के समय एकाएक मानसिक आदत से वशीभूत कवि प्रिया की बाँह खोजता है और यह मानसिक आदत, यह याद उसे और उदास और अकेला बना जाती है। पुराने प्रेम की याद से अकेलेपन के अवसाद के और बढ़ जाने की कुछ अन्य महत्त्वपूर्ण कविताएँ भी इस दौर में लिखी गयी हैं। यह याद कभी किसी दृश्य से (प्रायः

प्राकृतिक—नदी का किनारा, बाँस का झुरमुट, कुछ खास फूल इत्यादि), कभी किसी मानसिक आदत से और कभी वर्तमान प्रेम के आनन्द से भी जग जाती है। 'हरी घास पर क्षण-भर' में भी 'सागर के किनारे' और 'जब पपीहे ने पुकारा', 'बावरा अहेरी' की 'वेदना की कोर' तथा 'इन्द्रधनु रौंदे हुए ये' की 'धूप बत्तियाँ' ऐसे ही अकेलेपन और स्मृत्य-प्यार की कुछ अन्य अच्छी कविताएँ हैं। 'बावरा अहेरी' की 'नखशिख' और 'देहवल्ली' शीर्षक कविताएँ मानवीय शरीर का उदात्त चित्रण प्रस्तुत करती हैं।

इस दौर में 'प्रेम और मृत्यु' के सम्मिलित भाव की कविताएँ भी अनेक हैं। इन पर विस्तृत विचार तो यहाँ नहीं बल्कि अन्तिम अध्याय में ही हो सकेगा, लेकिन जिक्र कर देना आवश्यक है। 'पावस प्रात, शिलङ' तथा 'झरने के लिए' ये दोनों कविताएँ 'हरी घास पर क्षण-भर' में संगृहीत हैं। 'बावरा अहेरी' से 'विज्ञप्ति' शीर्षक कविता तथा 'इन्द्रधनु रौंदे हुए ये' से 'शाश्वत सम्बन्ध', 'तुम कदाचित् न भी जानो' आदि कविताएँ प्रेम और मृत्यु से समक्षीकरण की कविताएँ हैं। अज्ञेय की कविताएँ इन्हीं संकलनों में एक नया रहस्यात्मक मोड़ लेती हैं। इस अध्याय के आरम्भ में ही जिस 'अहं से निष्कृति' की चर्चा की गयी है, उस भावबोध की कविताएँ इसी दौर में मिलने लगती हैं। 'अरी ओ करुणा प्रभामय' (1959) तथा 'आँगन के पार द्वार' (1961) में इसी भावबोध का विकास है। इन दोनों संकलनों को पूर्वाशित करनेवाली कविताएँ 'यह दीप अकेला', 'बावरा अहेरी', तथा 'जो कहा नहीं गया' (बावरा अहेरी); 'ओ लहर', 'देना जीवन', 'जितना तुम्हारा सच है' (इन्द्रधनु रौंदे हुए ये) आदि महत्त्वपूर्ण हैं। 'प्रेम और मृत्यु' की दृष्टि से 'अरी ओ करुणा प्रभामय' तथा 'आँगन के पार द्वार' अलग से विचारणीय नहीं हैं क्योंकि इन संकलनों का मूल स्वर दार्शनिक-रहस्यवादी है, यद्यपि जहाँ-तहाँ प्रेम कविताओं का छिड़काव हो गया है। इसीलिए अज्ञेय के अन्तिम दौर की कविताएँ (विशेषकर 'क्योंकि मैं उसे जानता हूँ' की कविताएँ) जो प्रेम के पुनरागमन को सूचित करती हैं, पाँचवें अध्याय में उनका ही अध्ययन किया गया है।

सन्दर्भ-सूची

1. Philip Larkin : The Oxford Book of 20th Century English Verse (Clarendom Press Oxford, 1973) pg. 232 (excepts from 'Love song of Alfred J. Prufock by T.S. Eliot)
2. Graham Clark (ed) : T.S. Eliot Critical Assessments Vol-1, Pg. 73 (Cristopher Helm, London) from an interview with T.S. Eliot by Donald Hall.
3. Lionell Trilling : Liberal Imagination, Pg. 5-6 (Harcourt Brace Jovanorich,

New York & London)
4. Graham Clark : T.S. Eliot, critical assessments P-57 (Quoted by Leonardo Unger)
5. अज्ञेय : सदानीरा, भाग-2, पृ. 196.
6. वही, पृ. 200.
7. वहीं, पृ. 231.
8. वही, पृ. 232.
9. नामवर सिंह द्वारा 'कविता के नये प्रतिमान' में उद्धृत, पृ. 26.
10. अज्ञेय : सदानीरा, भाग-2, पृ. 279.
11. रामस्वरूप चतुर्वेदी : अज्ञेय और आधुनिक रचना की समस्या, पृ. 10 ज्ञानपीठ प्रकाशन, 1968.
12. केदारनाथ सिंह : आरम्भिक कविताएँ, विश्वनाथ प्रसाद तिवारी सम्पादित 'अज्ञेय' में, पृ. 32 नेशनल पब्लिशिंग हाउस, 1978.
13. Graham Clark : T.S. Eliot, Pg. 44 (quoted by Leonardo Unger).
14. D.H. Lawrence : Shadows (A poem from 'Oxford book of 20th century English Verse', p. 194)
15. सदानीरा, भाग-2, पृ. 226.
16. वही, पृ. 227.

4
प्रेम और स्वाधीनता

प्रेम और वैयक्तिक स्वाधीनता क्या एक साथ सम्भव हैं? क्या एक की पूर्ति दूसरे की कीमत पर ही सम्भव नहीं होती? यह प्रश्न एक आधुनिक प्रश्न है, क्योंकि वैयक्तिक स्वाधीनता नाम की कोई वस्तु बूर्जुआ समाज के बनने से पहले थी ही नहीं। इसका उत्तर अलग-अलग विचारधाराओं ने अलग-अलग दिया है लेकिन सबसे चुनौतीपूर्ण ढंग से इस प्रश्न को उठाने का और सबसे गम्भीरतापूर्वक इसका उत्तर खोजने का प्रयास अस्तित्ववाद ने किया। अस्तित्ववाद के सबसे बड़े स्तम्भ ज्यां पॉल सार्त्र मानते थे कि प्रेम और वैयक्तिक स्वाधीनता दोनों एक साथ सम्भव नहीं हैं। लैंगिकता सार्त्र के अनुसार सारे मानवीय सम्बन्धों के तल में है। फ्रायड की ही भाँति सार्त्र मानते थे कि परिपक्व कामावेग लम्बे विकास का परिणाम होता है, लेकिन कामुकता बहुत छोटे बालकों तक में पायी जाती है। वे मानते थे कि कामेच्छा मुख्यतः या एकान्ततः शारीरिक 'संतृप्ति' की ही इच्छा नहीं है बल्कि वह व्यक्ति द्वारा अन्य की आत्मवत्ता (Subjectivity) पर अधिकार करने की निगूढ़ प्रेरणा से परिचालित है। "अन्य की आत्मवत्ता हमारे अनुभव का अंग सिर्फ दो तरीकों से ही बन सकती है—या तो हम स्वयं को उसका विषय (Object) मानें या कि उसे ही अपने विषय के रूप में देखें। किन्तु दोनों ही स्थितियों में विषयी के रूप में मैं (I as subject), विषयी के रूप में अन्य (Him as subject) को नहीं जान सकते। अन्य की आत्मवत्ता पर हम अधिकार इसीलिए चाहते हैं कि स्वयं को हम अन्य के विषय बनाये जाने से बचाना चाहते हैं। प्रेमी और प्रिय दोनों का ऐसी ही आवश्यकता से संचालित होना प्रेम की अनस्थिरता और उसकी अन्तिम असफलता के पीछे कारणीभूत है।"[1]

सार्त्र के तर्कों के पीछे मूल बात यह है कि कामेच्छा का लक्ष्य या कि विषय न तो पाया जा सकता है और न ही बनाये रखा जा सकता है क्योंकि वह एक अन्तर्विरोध को छिपाने का प्रयत्न है। उसका लक्ष्य है कि अन्य व्यक्ति को भीतर से जीत लिया जाय, उसकी चेतना और आत्मवत्ता की तरफ से उस पर अधिकार किया जाये, उसकी इच्छा और उसकी दृष्टि को बन्धक बना लिया जाय बिना उसकी स्वाधीनता और स्वायत्तता को भंग किये। और यह, सार्त्र मानते हैं कि असम्भव है। असम्भव को पाने की इच्छा कुण्ठा और द्वन्द्व में परिणमित होती है।

यद्यपि प्रेम प्रयासों के प्रति प्रियपात्र संवेदनशील होता है और दिये गये प्रेम के बदले मुक्त भाव से प्रेम लौटाया भी जाता है, लेकिन सार्त्र के अनुसार यह पारस्परिकता बनी नहीं रह सकती। यदि कोई अन्य बात उसे नया नहीं कर जाती तो प्रेमी प्रिय में दिलचस्पी जल्दी ही खो बैठता है। यदि प्रेमी को खुश करने की इच्छा प्रियपात्र के जीवन की धुरी बन जाये, अगर यह इच्छा एक आधार बन जाये जिसमें उसका शेष जीवन बहता रहे, तब वह प्रियपात्र एक स्वाधीन व्यक्तित्व नहीं रह जायेगा और प्रेमी की इच्छा के लिए चुनौती के रूप में उसका वजूद नहीं रह पायेगा। परिणामस्वरूप वह प्रियपात्र से दूर भागेगा जबकि प्रियपात्र में उसे फिर से पाने की इच्छा अवशिष्ट रह जायेगी, लेकिन उसका कोई फायदा न होगा। इसके विपरीत, यदि उनके सम्बन्धों में सम्भोग के प्रति थोड़ी उदासीनता रहती है तो प्रियपात्र में सदैव एक तरह की रहस्यात्मकता बनी रहेगी जो प्रेमी को आकर्षित करेगी।[2]

सार्त्र मानते हैं कि प्रेम में पूर्ण पारस्परिकता अस्थायी और अल्पजीवी है। भावनाओं में एक तरह की विसंगति ही वह चीज है जो सम्बन्धों को चलाये रखती है। सार्त्र के शब्दों में, ''जो अन्य है वह सिद्धान्ततः मेरी पहुँच के बाहर है। जब मैं उस तक पहुँचना चाहता हूँ वह मुझसे भागता है और जब मैं उससे अलग हटना चाहता हूँ तो वह मेरा पीछा करता है और मुझे पाना चाहता है।''[3]

अज्ञेय में बहुत लम्बे समय तक प्रेम और वैयक्तिक स्वाधीनता का यह द्वन्द्व चलता रहा है। ऊपर सार्त्र के कथन से मिलाकर 'चिन्ता' की इन पंक्तियों को देखना रोचक होगा–

''हम दोनों एक-दूसरे के आखेट हैं और अनिवार्य, अटल मनोनियोग से एक-दूसरे का पीछा कर रहे हैं।''[4]

प्रियपात्र की स्वाधीनता ही, उसकी अपनी स्वायत्तता, उसका अपना व्यक्तित्व ही प्रेमी को आकर्षित करता है तो स्वाभाविक ही है कि वह जिस वस्तु से आकर्षित है उसे पाने की, उस पर अधिकार की कोशिश करेगा। लेकिन जैसे ही वह उसे अपने अधीन कर लेता है वैसे ही उसका आकर्षण समाप्त हो जाता है क्योंकि आकर्षण का कारण ही वह स्वाधीनता है, प्रेम की पूर्ति के साथ जिसके समाप्त हो जाने का खतरा है। इसलिए प्रेम का लक्ष्य पा लेने के बाद प्रेमी एक रिक्तता-सी महसूस करता है। वह भावोद्वेग, वैसी लालसा और तज्जन्य आनन्द से वह वंचित हो जाता है जो एक स्वाधीन, अपने से अत्यन्त भिन्न एक स्वायत्त इकाई के प्रति आकर्षण से पैदा होती है। 'चिन्ता' के विश्वप्रिया खण्ड की 22वीं कविता इसी मानसिक अवस्था की उत्तम कविता है, हालाँकि प्राप्ति के बाद जिस चीज का अभाव प्रेमी महसूस कर रहा है उसे वह 'अप्राप्ति की पीड़ा' कहता है–

"इतने काल से मैं जीवन की उस मधुरपूर्ति की खोज करता रहा हूँ—जीवन का सौन्दर्य, कविता, प्रेम...और अब मैंने उसे पा लिया है।

यह एक मृदुल, मधुर, स्निग्ध शीतलता की तरह मुझमें व्याप्त हो गयी है।

किन्तु इस व्यापक शान्तिपूर्ण एकरूपता में मुझे उस वस्तु की कमी का अनुभव हो रहा है जिसने मेरी खोज को दिव्य बना दिया था—एक ही वस्तु-अप्राप्ति की पीड़ा।"[5]

प्रेम के अस्थायी होने का आभास तथा स्वाधीनता से उसके द्वन्द्वात्मक सम्बन्ध के बारे में कवि सचेत है। 'इत्यलम्' में संग्रहीत सन् 1936 की कविता 'नाम तेरा' प्रेम के अस्थायीपन के स्वीकार की कविता है—

"श्वास की हैं दो क्रियाएँ—खींचना, फिर छोड़ देना,
कब भला सम्भव हमें इस अनुक्रम को तोड़ देना?
श्वास की उस सन्धि-सा है इस जगत् में प्यार का पल—
रुक सकेगा कौन कब तक बीच पथ में डाल डेरा।"[6]

प्यार का यह अस्थायीपन कोई साधारण अप्रशिक्षित अनुभूति नहीं है बल्कि उसके पीछे खास बोध है प्रेम और स्वाधीनता के द्वन्द्व का जो कि प्रेम को उसका अस्थायी चरित्र प्रदान करता है। यह परिप्रेक्ष्य आगे चल कर 'कविता' में अधिक स्पष्ट होता है जब कवि प्रेम और स्वाधीनता में एक सन्तुलन का आदर्श प्रतिपादित करता है—

"प्रेम को चिर-ऐक्य कोई मूढ़ होता तो कहेगा—
विरह की पीड़ा न हो तो प्रेम क्या जीता रहेगा?
जो सदा बाँधे रहे वह एक कारावास होगा—
घर वही है जो थके को रैन भर का हो सवेरा।"[7]

सार्त्र यद्यपि यह मानते थे कि पारस्परिकता अस्थायी है, प्रेम और स्वाधीनता के लक्ष्य परस्पर विरोधी हैं, लेकिन एक राह अवश्य है जिसमें इन विरुद्धों का सामंजस्य घटित हो सकता है। सिमोन वील ने एक दोस्तानेपन का रास्ता सुझाया है जिसमें न तो अतिरिक्त रूप से समर्पण ही होगा, न ही प्रचण्ड अधिकार कामना। यह एक ऐसा जादू है जिसमें व्यक्ति बिना नजदीक जाये, थोड़ी दूर से ही उस व्यक्ति को देखते रहने के लिए स्वयं तैयार है जो उसके लिए भोजन जितना आवश्यक है।[8] सिमोन वील का सुझाया रास्ता प्रेम में भी एक दूरी, एक निस्संगता की साधना का रास्ता है। उनके अनुसार "प्रेम में मूल बात है वह आवश्यकता जो एक इन्सान दूसरे के प्रति महसूस करता है। इसीलिए समस्या है इस आवश्यकता को उतनी ही दुर्दम्य स्वाधीनता की आवश्यकता के साथ समायोजित करने की।"[9]

अज्ञेय अपनी कविता में उत्तरोत्तर इस निष्कर्ष पर पहुँचते गये हैं कि प्रेम अलगाव में भी बना रह सकता है यदि उसमें एक निस्संगता को साध लिया जाये, बिना इस बात से खिन्न हुए कि मिलन-यात्रा का पड़ाव आ गया—

राह बदलती नहीं—प्यार ही सहसा मर जाता है,
संगी बुरे नहीं तुम—यदि निस्संग हमारा नाता है।
स्वयंसिद्ध है बिछी हुई यह जीवन की हरियाली—
जब तक हम मत बुझें सोचकर—'वह पड़ाव आता है।'[10]

(हरी घास पर क्षण-भर)

अज्ञेय के यहाँ अन्य की स्वाधीनता के प्रति सम्मान प्रेम के बने रहने की जरूरी शर्त बनता जाता है। जिस अनुपात में यह बोध गहराता है, उसी अनुपात में उनका प्रेम अधिक परिपक्व होता जाता है। 'हरी घास पर क्षण-भर' प्रेम की अत्यन्त परिपक्वता तक पहुँची हुई कविता है। यहाँ 'सम्पूर्ण एकत्व' पाने की इच्छा नहीं है जो 'चिन्ता' की आवेगमय कविताओं में प्रधानता पाती है। यहाँ अधिकार कामना नहीं है और न ही सतत मिलन का कोई आग्रह। बस एक 'क्षण-भर' साझा स्मृतियों को फिर से जी लेने में ही यहाँ प्रेम अपनी सिद्धि पाता है। इस कविता का प्रशमित स्नेह जिसके लिए स्वयं कवि 'अन्तःस्मित', 'अन्तःसंयत' जैसे विशेषणों का प्रयोग करता है, निराला की एक प्रसिद्ध कविता की याद दिलाता है जहाँ प्रेम ऐसी ही परिपक्वता तक पहुँचा हुआ है। 'हरी घास पर क्षण-भर' की ही तरह निराला की इस कविता में भी आद्यन्त एक मौन-सा बुना हुआ है जो प्रेम की अपरिपक्व भावाविष्ट वाचालता से बहुत आगे निकल चुके होने को सूचित करता है—

बैठ लें, कुछ देर आओ,
एक पथ के पथिक से,
प्रिय अन्त और अनन्त के,
तम गहन जीवन घेर

मौन मधु हो जाये
भाषा मूकता की आड़ में,
मन सरलता की बाढ़ में,
जलबिन्दु-सा बह जाये।

अज्ञेय के यहाँ जो 'क्षण-भर' है वही निराला के यहाँ 'कुछ देर' है। दोनों ही कविताओं में न तो प्रेमियों की चुहल है न इशारेबाजी, न ही कोई वासनात्मक चेष्टा। एक पथ के पथिक की भाँति कुछ देर बैठ सरलता की बाढ़ में मन को बह जाने देना ही इष्ट है। प्रेम का यह प्रशमित, प्रगाढ़ और परिपक्व रूप जिसमें एक-दूसरे के स्वायत्त संसारों का स्वीकार है, जहाँ अलग-अलग पथ के पथिक कुछ देर के लिए मिलते हैं, जहाँ कोई भी एक अपने पथ को दूसरे के लिए छोड़ता नहीं, प्रेम और स्वाधीनता के सन्तुलन की ऊँची साधना का द्योतन करता है। यह साधना एक मुश्किल साधना है। एक-दूसरे के प्रति आकर्षण से युक्त रहते हुए भी शरीर की भाषा को सम्बन्धों के दायरे से बाहर कर देना एक जबर्दस्त आत्मनियन्त्रण की माँग करता है। वैयक्तिक स्वाधीनता एक हद तक कामेच्छा की बलि माँगती ही है और तभी उनमें कोई सन्तुलन पैदा हो पाता है। शरीर के प्रति आकर्षण, लेकिन आत्मपरिष्कार के कारण उस शरीर को अधीन करने की इच्छा का परित्याग—इन दोनों का तनाव 'नखशिख' नाम की कविता में सुन्दर ढंग से रचा गया है जहाँ रूप और गन्ध तो हैं लेकिन स्पर्श नहीं है। यहाँ 'रूप स्पर्शातीत' है, नैन पहले भोर की दो ओस बूँदें हैं जो अछूती हैं और होंठ भी सिर्फ तकने के लिए हैं—

तुम्हारी देह
मुझ को कनक चम्पे की कली है
दूर ही से स्मरण में भी गन्ध देती है
(रूप स्पर्शातीत वह जिसकी लुनाई
कुहासे-सी चेतना को मोह ले)

तुम्हारे नैन
पहले भोर की दो ओस-बूँदें हैं
अछूती, ज्योतिमय, भीतर द्रवित
मानो विधाता के हृदय में

तुम्हारे होंठ—
पर उस दहकते दाड़िम-पुहुप को
मूक तकता रह सकूँ मैं—
(सह सकूँ मैं
ताप ऊष्मा का मुझे जो लील लेती है।)[11]

(बावरा अहेरी)

प्रेम के जिस अस्थायीपन की चर्चा की गयी उसका एक और परिणाम यह होता है कि एक ही जन्म में अनेक प्रणय सम्बन्ध होते हैं। स्वाधीनता और अस्मिता की चाह प्रेम के स्थायित्व की सबसे बड़ी शत्रु है। प्रायः स्वाधीन चेतना के दो व्यक्ति कुछ ही दिनों बाद पाते हैं कि वे एक-दूसरे को प्यार नहीं करते। जैसा कि सार्त्र कहते हैं कि प्रेम में दोनों एक-दूसरे को एक 'आब्जेक्ट' या विषय बनाना चाहते हैं क्योंकि दोनों को अपनी-अपनी आत्मवत्ता या सब्जेक्टिविटी बचानी होती है। एक व्यक्ति दूसरे को विषय इसलिए बनाना चाहता है क्योंकि ऐसा न करने पर वह दूसरे द्वारा विषय बना लिया जायेगा। इसीलिए सम्बन्ध टिकाऊ नहीं हो पाते। लेकिन प्रेमी-प्रिय में इस कारण से पारस्परिकता के विकसित न हो पाने को प्रायः दोनों के द्वारा व्यक्ति की कमजोरी मान लिया जाता है और इसीलिए अन्य किसी व्यक्ति की तलाश शुरू हो जाती है जिससे कि स्थायी सम्बन्ध विकसित हो सकें। प्रियपात्र बदलने की यह कोशिश एक बीमारी के गलत निदान के कारण होती है। अज्ञेय के काव्य में वर्तमान प्रणय के अलावा अतीत के प्रणयों की स्पष्ट गूँजें कभी स्पष्ट और कभी नेपथ्य में धीमे-धीमे सुनायी देती रहती हैं। 'चिन्ता' में ही उनकी एक कविता घोषित करती है–

गये दिनों में औरों से भी मैंने प्रणय किया है–
मीठा, कोमल, स्निग्ध और चिर-अस्थिर प्रेम दिया है।"[12]

आगे चलकर 'द्वितीया' में दूसरे प्रेम की मार्मिक अभिव्यक्ति हुई है। यह कविता अनेक कारणों से समूचे हिन्दी साहित्य में अनूठी है। पहले प्रेम की असफल परिणति के बाद भी उसकी स्मृति प्रेमी के समूचे व्यक्तित्व को आप्लावित किये हुए है। दूसरा प्रेम और कुछ नहीं बल्कि पहले का ही दुहराव है। प्रेम की सारी रहस्यात्मकता, उसके उतार-चढ़ाव और उसका आनन्द पहले प्रेम में ही पाया गया था, इसीलिए प्रियपात्र के बदल जाने पर भी यह पहला प्यार ही है जो अपनी प्रधानता बनाये हुए है। प्रेमी को यह अपराधबोध है कि दूसरा प्यार पहले की छाया मात्र है, कि 'द्वितीया' प्रथमा के प्रेम से पायी हुई भावनात्मक समृद्धि के अभिनिवेश के लिए एक 'विषय' मात्र है–

तुम न मुझे कोसो, लज्जा से मस्तक मेरा झुका हुआ है,
उर में वह अपराध व्यक्त है ओठों पर जो रुका हुआ है–
आज तुम्हारे सम्मुख जो उपहार रूप रखने आया हूँ
वह मेरा मन-फूल दूसरी वेदी पर चढ़ चुका हुआ है।[13]

प्रेम अस्तित्ववादियों के यहाँ प्रधानतः किसी शारीरिक भूख की संतृप्ति नहीं है बल्कि 'अन्य' की चाहत है। यह अन्य को चाहने या पाने की मूलभूत इच्छा

ही है जो प्रेमी को एक प्रियपात्र के छूट जाने के बाद दूसरे की खोज में प्रवृत्त करती है, लेकिन जैसा कि अस्तित्ववादियों ने माना, वह एक मृगतृष्णा मात्र है। इस बोध तक अज्ञेय पहुँचते ही हैं, हालाँकि बीच-बीच में 'हरी घास पर क्षण-भर' आदि कविताओं में एक सन्तुलन को पा जाने का आभास मिलता रहता है। नया प्रियपात्र पा जाने से प्रेम का फिर से सृजन हो सकेगा, यह एक मोह है, जो छूट जाये तो अच्छा। चाहे अन्य को अपना विषय (पात्र) बनाना हो अथवा स्वयं ही अन्य का विषय बन जाना, दोनों ही स्थितियों में प्रेम नहीं टिकता। अज्ञेय ने इस भाव की सुन्दर प्रतीकात्मक अभिव्यक्ति सन् 1958 ई. की कविता 'यह मुकुर' में की है—

यह मुकुर
दिया था तूने :
आज वह मुझसे टूट गया

यों मोह
कि तेरे प्रिय की छवि को
बार-बार मैं देखूँ—
छूट गया

जिस दिन
यह मुकुर रचा तेरा,
तेरे हाथों में टूटेगा,

मोह दूसरा पात्र प्यार का
रचने का
उस दिन क्या
तुझसे छूटेगा?[14]

('अरी ओ करुणा प्रभामय' से)

मुकुर का टूटना अपशकुन माना जाता है। अज्ञेय ने इस लोक-विश्वास को प्रेम के समाप्त होने की दुर्घटना का प्रतीक बना दिया है। मुकुर में अपना प्रतिबिम्ब निहारते हुए उसे 'तेरे प्रिय की छवि' कहना आत्म का 'ऑब्जेक्टिफिकेशन' है। प्रेम में स्वयं दूसरे के लिए विषय (object) बन जाने के बाद भी प्रेम सधता नहीं ही है क्योंकि अन्य की इच्छा के सम्मुख यह समर्पण भी स्वाधीनता के उस गुण को ही समाप्त कर देता है जो कि प्रेम में आकर्षण का मुख्य कारण है। यह आकर्षण

समाप्त होते ही प्रेम भी समाप्त हो जाता है। प्रेम में विषय बनाने या विषय बनने से बचा नहीं जा सकता जबकि पूर्ण वैयक्तिक स्वाधीनता आत्मवत्ता में ही अभिंव्यक्त होती है।

मार्सल प्रूस्त ने अपने विचारक्रम में और अपने उपन्यास 'इन रिमेम्ब्रेन्स ऑफ दी थिंग्स पास्ट' में प्रेम की आपूर्ति और तज्जन्य पीड़ा के रेशे-रेशे को अलगाकर देखने का महान् उपक्रम किया है। वे प्लेटो से लेकर फ्रायड तक की स्थापना कि 'प्रेम में मनुष्य सम्पूर्णता और एकत्व पाने की इच्छा रखता है' से सहमत हैं लेकिन वे इसकी असम्भवता दिखलाकर इस अवधारणा को एक नया ही आयाम दे देते हैं। प्लेटो के 'सिम्पोज़ियम' में एरिस्टोफेनीज़ के मुख से आदि मनुष्य की कथा कहलायी गयी है जो कि जिउस (Zeus) के श्राप से दो टुकड़ों में बँट गया। ये दो टुकड़े जब आपस में मिलते तो फिर से एक-दूसरे को बाँहों में घेर कर सदा के लिए एक हो जाने का उपक्रम करते। यह उपक्रम उनके लिए एक तरह की मनोग्रस्ति बन गया और वे कुछ भी अलग-अलग कर सकने में असमर्थ साबित होने लगे जिससे उनके नष्ट हो जाने का खतरा उत्पन्न हो गया। तरस खाकर जिउस ने उनके जननांगों को आगे कर दिया ताकि रतिकर्म के द्वारा प्रजनन सम्भव हो सके। प्लेटो के अनुसार मनुष्य प्रेम के माध्यम से अपनी उसी आदिम सम्पूर्णता को प्राप्त करने का प्रयास करता है जो श्रापग्रस्त होने से पहले उसे सहज प्राप्त थी। आदिम उभयलिंगी पुरुष अधिक अभिमानी हो उठने के कारण ही श्रापग्रस्त हुआ था। ईसाई धर्म में भी आदिम पुरुष का श्रापग्रस्त होना और स्वर्ग से निकाल दिये जाने के बाद से सृष्टि का आरम्भ भी एरिस्टोफेनीज़ द्वारा कही गयी इसी कथा की अनुगूँज लिये हुए है। फ्रायड ने 'आदिम आत्मरति' और 'शैशव के एकत्व' से जोड़कर इसी सम्पूर्णता और एकत्व पाने के प्रयास को प्रेम का मूलाधार सिद्ध किया।

प्रूस्त फ्रायड में एक नया आयाम इस बात में जोड़ते हैं कि उनके अनुसार वयस्क प्रेम में प्रेमी-प्रिय को अच्छी तरह ज्ञात होता है कि वे एकत्व नहीं प्राप्त कर सकेंगे। एक तरह की वेदना की अन्तवर्ती धारा इसीलिए प्रेम में आद्यन्त विद्यमान रहती है। अलग-अलग इन्सानी व्यक्तित्व और उनके अपेक्षाकृत स्वायत्त संसार प्रेम में एकत्व के स्वप्न को पूरा नहीं होने देते। प्रूस्त अलग इस बात में हैं कि वे मानते हैं कि वयस्क प्रेम इस फन्तासी के 'असीम एकत्व' और यथार्थ के अलगाव के बीच के विसंवाद को पहले से ही मान कर चलता है। दो व्यक्तियों के अपने अलग-अलग स्वभाव, अलग रुचियाँ, अलग जरूरतें और प्राथमिकताएँ प्रेमियों के बीच लगातार एक दूरी बनाये रखती हैं और इसीलिए वे एक-दूसरे से मिलते हुए

भी एक दूरी महसूस करते हैं और शाश्वत विरह में रहते हैं। प्रूस्त के यहाँ यह विरह प्रेम का सबसे प्रधान अभिलक्षक गुण है जो किसी भी मिलन से दूर नहीं होता। प्रूस्त ने आँखों को विशेष रूप से अपरिचयजनित आकर्षण का स्रोत माना है। उनके यहाँ मानो अपरिचय और दूरी और उससे पैदा होनेवाला आकर्षण आँखों में पुंजीभूत हो गया है–

"यदि ऐसी किसी लड़की की आँखें हमारे लिये सिर्फ अभ्रक की दो चमकती गोलाइयाँ हैं, तो हम कभी भी उस लड़की को जानने की प्यास अपने भीतर महसूस नहीं करेंगे और न ही अपने जीवन को उसके जीवन के साथ एक कर देने की चाह ही हममें जागेगी। लेकिन हमें आभास है कि इन गोलाकृतियों में जो चमकता है वह सिर्फ भौतिक संरचना का फल नहीं है बल्कि यह चमक उन छायाओं की है जो हमें ज्ञात नहीं हैं, यह छाया उन विचारों की है जो वह उन लोगों और स्थानों के बारे में रखती है जिन्हें वह जानती है...छाया उस घर की भी जहाँ उसे अभी लौट कर जाना है, उन योजनाओं की भी जो उसने स्वयं के लिए या दूसरों ने उसके लिए बना रखी हैं और सर्वोपरि यह छाया उसकी, जो वह 'स्वयं' है, अपनी इच्छाओं, सहानुभूतियों के साथ– छाया, उसकी अल्पदृश्य और अविच्छिन्न संकल्प की।"[15]

आँखों में दूर से सम्मोहित करने का अद्भुत गुण होता है क्योंकि दूरी के कारण ये रहस्यमय लगती हैं। उनमें उस संसार की छायाएँ हैं जो कि उनके धारक का अपना पृथक् संसार है–ये छायाएँ उन तत्त्वों की हैं जिनसे कि उस धारक का व्यक्तित्व निर्मित हुआ है। पहले भी कहा जा चुका है कि मनुष्यों का एक-दूसरे से पृथक् होना, अलग होना ही उनके परस्पर आकर्षण का कारण है। आँखें दूर से इसीलिए आकर्षित करती हैं क्योंकि वे उस व्यक्ति के पृथक्, स्वायत्त अस्तित्व की छायाएँ प्रतिबिम्बित करती हैं। लेकिन नजदीक आने पर यह छायाएँ ठोस हो जाती हैं। आँखों की रहस्यमयता समाप्त हो जाती है और उनमें दीख पड़ता है वह 'स्वायत्त अस्तित्व' जो स्वयं हमारे अपने अस्तित्व से बेमेल है। यह स्वाधीनता और अलगाव ही जो कभी आकर्षण का कारण था अब प्रेमियों के बीच व्यवधान बना दीखता है। प्रूस्त की उपमा का सहारा लें तो एक प्रकाशयुक्त वस्तु और एक गीली वस्तु के बीच सदैव वाष्पन का एक क्षेत्र होगा जो दोनों के बीच पूरे सम्पर्क को सम्भव नहीं होने देगा। मानवीय व्यक्तित्व की आपेक्षिक स्वाधीनता एक ऐसा ही 'वाष्पन क्षेत्र' है जो प्रेमियों के बीच व्यवधान रूप में खड़ी है।

आँखें सर्वाधिक मानवीय प्रेम की उस विडम्बना को प्रतीकित करती हैं जिसमें स्वयं व्यक्ति की स्वायत्त सत्ता ही उसके प्रति आकर्षण पैदा करती है लेकिन जैसे ही आकर्षण निकटता अथवा प्रेम में बदलता है, वैसे ही वही स्वायत्तता, वही निजता

प्रेमी और प्रियपात्र के बीच एक दूरी का सृजन करती है। सन् 1957 में लिखी 'आँखें' शीर्षक कविता इसी बोध को व्यक्त करती है–

''दूर से पास बुलाती
पर समीप आती तो आँखें लाती
कितनी कितनी दूरियाँ।
जीवन के हर आमन्त्रण में भरी हुई हैं
उफ! कितनी मजबूरियाँ।''[16]

('अरी ओ करुणा प्रभामय' से)

प्रूस्त ने अपने ढंग से जीवन के हर आमन्त्रण में भरी मजबूरियों को व्यक्त किया है। 'रिमेम्बरेंस ऑफ दि थिंग्ज़ पास्ट' में मार्सल के शब्द इन्हें व्यक्त करते हैं–

''मैं जानता था कि मैं उस युवा साइकिल सवार को नहीं पा सकूँगा यदि मैंने साथ-साथ वह सब-कुछ भी नहीं पाया जो उसकी आँखों में है। और परिणामस्वरूप यह उसका सम्पूर्ण जीवन ही था जो मुझे उसकी चाहत से भर देता था, एक वेदनामयी चाहत क्योंकि मैं जानता था कि उसकी पूर्ति असम्भव है।''[17]

प्रूस्त सार्त्र की अपेक्षा फ्रायड के अधिक नजदीक हैं। जहाँ सार्त्र के यहाँ 'प्रियपात्र' या 'लव ऑब्जेक्ट' का महत्त्व ज्यादा है वहीं प्रूस्त प्रेम की सत्ता को पहले से ही मौजूद और गतिशील मानते हैं और प्रेम के साथ विरह भी यथार्थ में प्रियपात्र के आगमन से पहले से विद्यमान है। प्रूस्त की महत्त्वपूर्ण धारणा है कि विरह संयोग का उलट भाव नहीं है और न ही वह किन्हीं खास परिस्थितियों में पैदा होता है, वह तो प्रेममात्र का सबसे महत्त्वपूर्ण घटक है और हमारे अस्तित्वगत अलगाव में ही बुना हुआ है। ''प्रेम जो कि यथार्थ में प्रियपात्र के पाये जाने से पहले ही मौजूद है, वह वास्तव में प्रियपात्र की किसी काल्पनिक छवि पर आधारित है क्योंकि उस प्रियपात्र का पाया जाना लगभग असम्भव है। यह काल्पनिक छवि के यथार्थ में पाये जाने की असम्भवता वेदना की एक पूरी श्रृंखला को जन्म देती है जो कि इस अनजाने प्रियपात्र के साथ हमारे प्रेम को सदा के लिए सुनिश्चित कर देती है। हमारा प्रेम इस कल्पसृष्टि के प्रति बढ़ता ही जाता है और हम स्वप्न में भी नहीं सोचते कि सचमुच का प्रियपात्र इस पूरे प्रसंग में कितना कम महत्त्व रखता है।''[18] सच कहा जाय कि प्रेम के पात्र को सम्पूर्णतः न पा सकने का संज्ञान ही कल्पना या फैण्टेसी के उद्दाम प्रेम के पीछे कारणीभूत है। प्रूस्त के विचारों से निष्कर्ष यह निकलता है कि वास्तव में जो प्रेम होता है वह कल्पना के प्रेम से कहीं कमतर, कहीं कम भावोद्वेग की वस्तु होता है।

कल्पना और वास्तविकता के प्रेम की यह खाईं प्रेम के समूचे प्रसंग में वेदना को और उकसा देती है। 'चिन्ता' के विश्वप्रिया खण्ड की 61वीं कविता का चौथा भाग इसी वेदना की अभिव्यक्ति है—

''हमारी कल्पना के प्रेम में, और हमारी इच्छा के प्रेम में, कितना विभेद है।

दो पत्थर तीव्र गति से आकर एक-दूसरे से टकराते हैं तो दोनों का आकार परिवर्तित हो जाता है। किन्तु वे एक नहीं हो जाते। प्रतिक्रिया के कारण एक-दूसरे से परे हटकर फिर स्थित हो जाते हैं।

तो फिर हमारी प्रेम की कल्पना में क्यों इस अत्यन्त ऐक्य-कैवल्य की कामना रहती है?''[19]

प्रूस्त की स्थापनाओं से एक प्रश्न यह उठ खड़ा होता है कि यदि प्रेम में वास्तविक प्रियपात्र का महत्त्व कम है, तो फिर उसकी स्मृति क्यों बार-बार कसक की तरह उभरती है? क्यों वह खास व्यक्ति इतना अद्वितीय लगने लगता है कि उसके बगैर जीवन खोखला लगता है? प्रूस्त मानते हैं कि प्रेम में प्रियपात्र का अद्वितीय होना या उसका स्थान किसी अन्य को न दे सकने की विवशता एक भ्रम है जो कि प्रेम के परिस्थितिगत परिप्रेक्ष्य से पैदा होता है। वे मानते हैं कि 'प्रियपात्र' के चुनाव में हम पूरी तरह आजाद नहीं हैं। यह चुनाव किसी हद तक पहले से ही तय रहता है। परिस्थितियों का एक खास संयोजन हममें खास तरह के, खास 'टाइप' के प्रियपात्र के चुनाव के लिए प्रेरित करता है। परिणामस्वरूप हम हद-से-हद टाइप चुन सकते हैं लेकिन खास व्यक्ति का चुनाव परिस्थितियों से तय होता है, इसीलिए उस व्यक्ति की अद्वितीयता और विलक्षणता, किसी अन्य को उसका स्थानापन्न न बना सकने की कोई विवशता प्रूस्त को मान्य नहीं। फिर भी वे मानते हैं कि भ्रम ही सही किन्तु मनुष्य प्रियपात्र की अद्वितीयता और अ-स्थानापन्नता को सुरक्षित रखता है।

''उसके जैसों का बाहुल्य है, लेकिन फिर भी हमारी आँखों में वह ठोस और अनश्वर है, ऐसी जिसका लम्बे समय तक कोई अन्य स्थान नहीं ले सकता...सत्य तो यह है कि इस स्त्री ने किसी जादूगरी से हमारे मन में पड़े कोमलता के असंख्य विखण्डित तत्त्वों को इकट्ठा करके, परस्पर जोड़कर उन्हें जीवन दे दिया है। और यह हम हैं कि जिन्होंने उसे उसका रूप दिया है—हमने उस ठोस पदार्थ की आपूर्ति स्वयं ही की है जिससे कि प्रियपात्र का संघटन हुआ है। इसलिए यह सत्य है कि हम भले ही उसके जीवन में हजारों अन्य लोगों की तरह ही एक सामान्य व्यक्ति हों, लेकिन हमारे जीवन में वह 'एक' ही है जिसकी ओर हमारा समूचा जीवन किसी गुरुत्वाकर्षण से खिंचा जाता है।''[20]

प्रूस्त की मान्यताएँ 'अज्ञेय काव्य' में प्रेम की असम्भव पूर्ति के साथ-साथ प्रिय की मार्मिक स्मृति की दो अलग-अलग प्रवृत्तियों को साथ-साथ रखकर देखने में मदद करती हैं। वर्ना 1932 में 'प्रेमी-प्रिय का तो सम्बन्ध स्वयं है अपना विच्छेदी' जैसे बोध उपलब्ध करनेवाला कवि क्यों इतने लम्बे समय तक अतीत के प्रेम की स्मृतियों की वेदना से उन्मथित है?

सन्दर्भ-सूची

1. Jean-Paul Sartre : Being and Nothingness (Quoted in Translator's Introduction, Pg. L) Pocket Books, Washington Square Press. 1966.
2. Ilham Dilman-Love and Human Seperateness, Pg. 7, Basil Blackwell, 1987.
3. Sartre : Being and Nothingness (Quoted in Translator's Introduction, P-L)
4. अज्ञेय : सदानीरा, भाग-1, पृ. 43.
5. वही, पृ. 28.
6. वही, पृ. 157.
7. वही, पृ. 185.
8. Simone Weil (Quoted in Dilman's Love and Human Seperateness Pg. 78)
9. वही, पृ. 78.
10. सदानीरा, भाग-1, पृ. 207.
11. वही, पृ. 259.
12. वही, पृ. 21.
13. वही, पृ. 164.
14. सदानीरा, भाग-2, पृ. 46.
15. Marcel Proust : In Remembrance of the Things Past (Vol. 1) Pg. 851-2 (Penguin, 1983) (Quoted in Dilman's Love and Human Seperateness, Pg.102)
16. सदानीरा, भाग-2 पृ. 26.
17. Proust : In Remembrance of Things Past, Pg.852 Vol. 1 (Quoted Dilman's Love and Human Seperateness, Pg. 102)
18. वही, पृ. 100.
19. सदानीरा, भाग-1, पृ. 55.
20. Proust : In Remembrance of Things Past, Pg. 513, vol. 1 (Quoted in Dilman's Love and Human Seperateness, Pg. 101)

5

अन्तिम दौर :

'कितनी नावों में कितनी बार', 'क्योंकि मैं उसे जानता हूँ', 'सागर मुद्रा' और 'पहले मैं सन्नाटा बुनता हूँ' की कविताएँ

रूमानियत, फिर उसका विरोध और फिर 'अहं का विलयन' और आत्मदान-अज्ञेय की कविता का यह ग्राफ एक विकास दिखलाता है, लेकिन अन्तिम दौर में प्रेम की अत्यन्त वेदनामय वापसी होती है। पिछले अध्यायों में चर्चा हुई है कि इन्सानी जीवन का अलगाव—ईश्वर से, प्रकृति से, परस्पर इन्सानों में और अन्ततः स्वयं से; इस अलगाव से निस्तार पाना और समूची सृष्टि की लयबद्धता को महसूस कर पाने की चेष्टा अज्ञेय के काव्य की मूल प्रेरणा है। वे इस लक्ष्य को पाने के लिए पहले दौर में प्रेम के मार्ग का वरण करते हैं, लेकिन बहुत शुरू से इस बात को जानते हैं कि प्रेम इस विभाजन और पृथकत्व को एकत्व में तब्दील नहीं कर पायेगा। प्रेम इसीलिए प्रधानतः वेदना है—एक पीड़ा है, जो अपूर्ति से जन्मी है। आधुनिक मन का यह विशिष्ट अनुभव है, फ्रायड, सार्त्र, प्रूस्त, लारेंस या अज्ञेय जिसका साक्ष्य प्रस्तुत करते हैं।

लेकिन अलगाव की समस्या फिर भी बनी रहती है। प्रेम के आत्मनिष्ठ संसार के बाहर इसी समस्या का हल पाने के क्रम में 'सामाजिकता के जुड़ाव' का रास्ता भी अज्ञेय आजमाते हैं। इस दिशा में रास्ते का रोड़ा है रूमानियत जिसका प्रत्याख्यान वे जरूरी समझते हैं। लेकिन हल फिर भी नहीं निकलता।

अब बारी आती है रहस्य की जहाँ 'अहं' को सारे अलगाव की जड़ मान, उससे निष्कृति के प्रयास चलते हैं। बौद्ध धर्म दर्शन का हलका-सा आश्रय लेकर 'इयत्ता' से 'तथता' की ओर कवि की संवेदना प्रस्थान करती दीखती है। रहस्य की ओर कवि का आकर्षण उसकी संवेदना के चरम आधुनिक होने का प्रमाण है। मानवीय पृथकत्व और उससे पैदा हुए भयानक द्वन्द्वों का 'रहस्य' के रास्ते निराकरण—इलियट या अज्ञेय जैसे कवियों की ही राह नहीं है—बल्कि आइन्स्टाइन से लेकर नयी

भौतिकी के स्तम्भ माने जानेवाले फ्रिज्योफ कापरा और डेविड बोह्म तक ने इस राह में मानवीय मुक्ति की सम्भावना देखी है। पचास और साठ के दशक में अज्ञेय नव-रहस्यवादी कविताएँ लिख रहे थे और इन्हीं दिनों कापरा 'क्वाण्टम-भौतिकी' और 'प्राच्य रहस्यवाद' की समानान्तरताओं की खोज कर रहे थे। यदि जिद्दू कृष्णमूर्ति के प्रवचनों को कापरा और अज्ञेय के प्रयासों के साथ जोड़ दिया जाये तो 'नव-रहस्यवाद' की एक सशक्त प्रवृत्ति हमें इस काल के साहित्य, दर्शन और विज्ञान, तीनों में दिखायी देगी। अज्ञेय की आधुनिकता इसीलिए उनकी रूमानी कविताओं में भी मिलेगी, लेकिन सर्वाधिक समसामयिक और आधुनिक वे अपनी 'नव-रहस्यवादी' कविताओं में है। कापरा, कृष्णमूर्ति और अज्ञेय तीनों ही ज़ेन (Zen) से प्रभावित हैं। अज्ञेय जीवन की टूटी लय को कविता में उपलब्ध करना चाहते हैं तो इसी लय या रिद्म को कापरा नयी भौतिकी के आविष्कारों में पाते हैं। आश्चर्य नहीं कि गतिशील सन्तुलन (Dynamic Equillibrium) के प्रतीक के रूप में नटराज की जिस मुद्रा को कापरा पसन्द करते हैं, अज्ञेय को भी काल और कालातीत के सन्दर्भ में वही मुद्रा याद आती है। ('काल का डमरू नाद' शीर्षक निबन्ध में)

'तथता' जिस महत्त्वपूर्ण तथ्य को व्यंजित करती है वह यह कि संसार की समस्त वस्तुओं, समस्त पदार्थों में सिर्फ द्वन्द्वात्मकता का सम्बन्ध ही नहीं है, बल्कि अनुपूरकता (Complimentarity) का भी सम्बन्ध है। जो वस्तुएँ आपस में द्वन्द्वरत दीखती हैं वे ही किसी विराटतर सन्तुलन के हित परस्पर अनुपूरक भी हैं। नाभिक के चारों ओर उसके आकर्षण से बचने के लिए भयानक वेग से नाचते इलेक्ट्रॉन अणु के संघटन में नाभिक के अनुपूरक हैं। कापरा बताते हैं कि नाभिक के धनावेश और इलेक्ट्रॉन के ऋणावेश के बीच सम्बन्ध द्वन्द्वात्मक और अनुपूरक, दोनों एक साथ हैं। आज द्वन्द्वात्मक वस्तुओं की परस्पर अनुपूरकता अनुवांशिकी से लेकर मॉलिक्यूलर बायलॉजी तक में निरूपित की जा रही है।

यह सब जिक्र करने का उद्देश्य यह बताना है कि नव-रहस्यवाद तक अज्ञेय की संवेदना उस दिशा की ओर जाती दीखती है जिस ओर दर्शन और विज्ञान के क्षेत्र में उनके समकालीन भी उन्मुख दिखायी देते हैं। तब अचानक यह कैसे होता है कि 'आँगन के पार द्वार' में पायी गयी एक्सटैसी धीरे-धीरे तिरोहित होती जाती है। और उसकी जगह फिर प्रेम की वेदनामयी तड़प दिखलायी देने लगती है। मलयज ने इसी बिन्दु पर 'तीसरे अज्ञेय की पहचान' करनी चाही है। वह यहाँ एक ऐसे अज्ञेय को देखते हैं जो अन्दर और बाहर, दोनों राहों का अन्वेषण करने के बाद दोनों के सन्धिस्थल पर एक अनिश्चितता के साथ खड़े हैं। अन्दर भी वापस नहीं लौटा जाता और बाहर भी मुक्ति असम्भव है। बल्कि कहना चाहिए कि बाहर

इतनी दूर तक आ गये हैं कि वापस अन्दर की ओर लौटना सम्भव नहीं है। रूमानियत से शुरू करनेवाला कवि घूम-घामकर अन्तिम दौर में पुनः रूमानी हो उठता है और इस तरह एक चक्र पूरा हो जाता है। सवाल तब यह उठता है कि क्या रूमानियत का यह उत्साही विरोध, सामाजिकता का यह सतर्क स्वीकार और अन्ततः रहस्य में मुक्ति पाने का सारा उपक्रम बेकार गया? क्या इसके सूत्र अज्ञेय के कवि व्यक्तित्व में खोजे जाने हैं अथवा आधुनिक संवेदना के ही विकास में? क्या मुक्ति पाने की खोज ही व्यर्थ है? अथवा जो मार्ग आधुनिकों ने सुझाये हैं वे ही अपर्याप्त हैं, दूसरे मार्गों की खोज जरूरी है? मलयज ने 'तीसरे अज्ञेय की पहचान' के जरिये ऊपर उठाये गये प्रश्नों में सिर्फ पहले दो का ही उत्तर सुझाया है लेकिन वे भी अज्ञेय के व्यक्तित्व में ही इन बातों का उत्तर पा लेना चाहते हैं।

रूमानियत में मुक्ति नहीं है—अगर कुछ है तो अस्तित्व के दंश का थोड़ा परिहार ही है। यह बात हम अज्ञेय के बगैर भी जानते हैं—मनोविश्लेषण, अस्तित्ववाद और आधुनिकतावाद इन तीनों के साक्ष्य पर। अज्ञेय यहाँ विश्व साहित्य, दर्शन और मनोविज्ञान में अपने अग्रजों के पीछे चलते हैं, लेकिन नव-रहस्यवाद में वे दर्शन और विज्ञान के क्षेत्र के अपने समकालीनों के साथ बराबरी में चलते हैं। अपनी कविता का अन्तिम दौर जो एक हद तक उनके रहस्यवाद के फलप्रद न होने की सूचना देता है क्या 'नव-रहस्यवाद' के प्रति विश्व स्तर पर जो एक उन्मुखता दीखती है, उसकी असफलता को पूर्वाशित करता है? अथवा यह कि इसे कवि अज्ञेय की व्यक्तिगत असफलता मान लिया जाये?

एक तीसरी सम्भावना यह भी है कि काव्य, दर्शन और विज्ञान की अपनी-अपनी अलग-अलग प्रक्रियाएँ हैं। तीनों अलग-अलग ढंग से यथार्थ को ग्रहण करते हैं और अलग-अलग प्रविधियों का इस्तेमाल करते हैं—तो क्या जो दर्शन या विज्ञान में सम्भव है, वही काव्य में सम्भव नहीं? क्या 'नव-रहस्यवाद' कविता से नहीं सध पायेगा? इन प्रश्नों के उत्तर फिलहाल अप्राप्त हैं।

अज्ञेय की कविताओं का यह अन्तिम दौर वस्तुतः उनकी काव्य यात्रा के पिछले सभी दौरों का उपसंहार है। यहाँ वह सब-कुछ मिलेगा जो पिछले संग्रहों में है लेकिन दोहराव की शक्ल में। एक ही वस्तु है इन संग्रहों में जो उन्हें पिछलेवालों से अलग करती है, वह है—एक वेदना एवं विफलता का बोध और उससे पैदा हुई उदासी। यह बोध इतना सर्वग्रासी है कि दोहरायी जानेवाली संवेदना को भी थोड़ा काला कर देता है। यह दौर एक बड़े रेगिस्तान का विस्तार है जहाँ आकर कवि की संवेदना की नदी कृशधार हो चली है, भले ही खो न गयी हो।

प्रेम अब है नहीं, यहाँ तक कि स्मृतियाँ भी अब सूख चुकी हैं। उनके आने से कोई मीठा दर्द नहीं जागता बल्कि एक अजीब झुँझलाहट और अशान्ति-सी पैदा होती है—

धड़कन-धड़कन-धड़कन—
दायीं, बायीं, कौन आँख की फड़कन
मीठी कड़वी तीखी सीठी
कसक-किरकिरी किन यादों की रड़कन?
उहं? कुछ नहीं, नशे के झोंके-से में
स्मृति के शीशे की तड़कन?[1]

('कितनी नावों में कितनी बार' से)

1964 में लिखी इस कविता में स्मृति अब 'शीशे की तड़कन' बन चुकी है और किरकिरा रही है। स्मृति के इस चित्र को 15-16 वर्ष पहले के चित्र से मिलाने पर ही पता चलता है कि संवेदना के धरातल पर कितना कुछ अपघट घट चुका है। 1949 में 'पहला दौंगरा' शीर्षक कविता में स्मृति का यह रूप देखिये—

गगन में मेघ घिरते हैं
तुम्हारी याद घिरती है
उमड़ कर विवश बूँदें बरसती हैं—
तुम्हारी सुधि बरसती है
न जाने अन्तरात्मा में मुझे यह कौन कहता है
तुम्हें भी यही प्रिय होता
क्योंकि तुमने भी निकट से दुःख जाना।[2]

('हरी घास पर क्षण-भर' से)

स्मृति के इन दो चित्रों को आमने-सामने रखकर ही समझा जा सकता है कि अज्ञेय की प्रेम संवेदना जो तब थी और जो अन्तिम दौर में है, उसमें कितना कुछ अन्तर आ चुका है। कहना चाहिए कि 'धड़कन धड़कन' शीर्षक 1964 ई. में लिखी कविता जिसे पहले उद्धृत किया गया, वह तब भी रीत गये प्यार और बेजान पड़ गयी स्मृतियों के बारे में एक बेलाग कविता है लेकिन तमाम कविताएँ ऐसी भी हैं जिन्हें मलयज का शब्द उधार लें, तो 'मस्तिष्कीय' कहा जा सकता है। इनमें प्यार को जबरन जगाने की कोशिश है और अनुभूति की रिक्ति को भाषा से भरने का प्रयास किया गया है। ग्यारह खण्डों में विभक्त कविता 'ओ निस्संग ममेतर' ऐसी ही कविता है जिसमें कवि जितनी बात कहता है, उससे कहीं कम कलेवर में उससे कहीं अधिक पहले की कविताओं में कह चुका है।

प्रेम व्यक्ति के मर जाने के बाद भी रह जाता है जैसे कि यह संसार। व्यक्ति व्यर्थ ही प्रेम को अपनी निजी सम्पत्ति मान कर उसे अपनी नश्वरता से जोड़ कर देखता है। उसे मालूम है कि यह सतत परिवर्तनशील विश्व उस एक व्यक्ति के न रहने के बाद भी समाप्त नहीं हो जाता, फिर प्रेम ही क्यों वैयक्तिक माना जाये?

'निजता या किसी भी वस्तु को निजी बनाने का भाव अथवा कर्त्तापन और उससे उपजी अधिकार कामना ही सारे दुखों का कारण है, उसी तरह प्रेम को नश्वर मानकर दुःखी होनेवाले भी ऐसे हैं जो उसे निजी सम्पत्ति मानते हैं। सच तो यह है कि प्रेम निर्वैयक्तिक है और इसीलिए व्यक्ति से परे उसकी सत्ता है।' यह बात इतने ही सपाट ढंग से 'कि हम नहीं रहेंगे' शीर्षक कविता में व्यक्त हुई है। पहले भी कवि अज्ञेय वैयक्तिक को नश्वर और निर्वैयक्तिक को अमर्त्य बताकर अनेक कविताओं में प्रेम को निर्वैयक्तिक बता चुके हैं, लेकिन उन कविताओं में यह चिन्तन अनुभूति के साथ घुलकर आता है। 'कि हम नहीं रहेंगे' जैसी कविताओं में यह चिन्तन सीधे ही सपाट शैली में व्यक्त हुआ है–

हमने
शिखरों पर जो प्यार किया
घाटियों में उसे याद करते रहे
फिर तलहटियों में पछताया किये
कि क्यों जीवन यों बरबाद करते रहे।

पर जिस दिन सहसा आ निकले
सागर के किनारे–
ज्वार की पहली ही उत्ताल तरंग के सहारे
पलक की झपक भर में पहचाना
कि यह अपने को कर्त्ता जो माना–
यही तो प्रमाद करते रहे
शिखर तो सभी अभी हैं,
घाटियों में हरियालियाँ छायी हैं,
तलहटियाँ तो और भी
नयी बस्तियों में उभर आयी हैं।

सभी कुछ तो बना है, रहेगा–
एक प्यार ही को क्या
नश्वर हम कहेंगे–
इसलिए कि हम नहीं रहेंगे?[3]

('कितनी नावों में कितनी बार' से)

ऐसी कविताओं में 'प्रेमानुभूति' नहीं बल्कि 'प्रेम-चिन्तन' है, दर्शन को अनुभूति में घुलाने की कला न जाने कहाँ चली गयी।

'प्रेम' पर अनुचिन्तन की ऐसी ही एक अन्य कविता है 'रात चौंध'। यहाँ फिर एक स्थापना की गयी है कि पुरुष के प्रति नारी का प्रेम, प्रेम नहीं बल्कि एक तरह की करुणा है जिसे कवि लेना नहीं चाहता। उसे इस करुणा का पात्र होने की अपेक्षा प्रेम की अग्नि की एक धधक में जलकर मरना अच्छा लगता है। भले ही 'आग की एक धधक' की तरह वह अल्पस्थायी हो और प्रेमी को जलाकर मार डालनेवाली वेदना से युक्त, फिर भी वह काम्य है। जबकि करुणा एक लम्बी, मीठी, नशीली धुन्ध की तरह अधिक स्थायी और सुखद होने के बाद भी तिरस्करणीय है। यह कविता कवि अज्ञेय के रहस्यवाद के दौर में पाये गये मूल्यबोध से प्रत्यावर्तन सूचित करती है। कहाँ तो अज्ञेय 'धरा-व्योम' और 'दीप पत्थर का' जैसी कविताएँ 1957 के आसपास लिख रहे थे जिनमें 'प्रभामय करुणा' की उल्लसित अभिव्यक्ति थी और कहाँ 'रात चौंध' (रचनाकाल 1968, 'क्योंकि मैं उसे जानता हूँ' में संकलित) जैसी कविता जिसमें फिर से करुणा के ऊपर प्रेम को तरजीह दी जाती है। निर्वैयक्तिक करुणा और निर्वैयक्तिक प्रेम तो लगभग एक जैसे भाव हैं लेकिन व्यक्ति के दाखिल होते ही ये भाव एक-दूसरे के शत्रु हो जाते हैं। प्रेम और करुणा में एक को दूसरे पर प्राथमिकता देना जरूरी हो जाता है और कवि यहाँ प्रेम का पक्ष लेता है। जब तक क्षमा धरा से अंकुरित हो रही थी या करुणा व्योम से झर रही थी तब तक तो ग्राह्य थी लेकिन जैसे ही एक हाड़-माँस की स्त्री के हृदय से करुणा निकली, वह तिरस्करणीय हो उठी।

संकट यही है कि निर्वैयक्तिकता के अलग संसार में तमाम समस्याएँ उठती ही नहीं और जो इस अलग संसार का अकेला वासी है उसे लगता है कि हल हो गयीं। लेकिन ऐसी दुनिया में कोई कितने दिन रह सकता है? 'प्रूफ़ाक का प्रेम गीत' में जो इन्सानी आवाजें रूमानी कवि को जगा रही हैं क्या वे ही आवाजें निर्वैयक्तिक संसार के इस अकेले वासी की शान्ति भी भंग कर देने के लिए पर्याप्त नहीं? कृष्णमूर्ति ने अंग्रेजी के शब्द alone की all+one जैसी व्याख्या की है। मतलब यह कि जब हम अकेले होते हैं तभी 'सब-कुछ' के साथ हैं। यदि हम अकेले नहीं बल्कि किसी एक या कई के साथ हैं तो वह अकेला या वे कई हमारी चेतना को उनसे परे जो कुछ है, उससे काट देंगे और हम एक तरह से उनके बन्धक हो जायेंगे। इसीलिए 'सब-कुछ' के साथ रहने के लिए अकेला रहना जरूरी है। 'सब-कुछ की तथता' के साथ रहना या अकेला रहना एक ही बात है, लेकिन यह 'ध्यानावस्था' यह मेडिटेशन कब तक चल सकता है? अपने ही रचे इस अकेलेपन का दबाव भी सह पाना क्या सरल है?

मन बहुत सोचता है कि उदास न हो
पर उदासी के बिना रहा कैसे जाये?
शहर के दूर के तनाव-दबाव कोई सह भी ले,
पर यह अपने ही रचे एकान्त का दबाव सहा कैसे जाये?"[4]

('कितनी नावों में कितनी बार' से)

अकेले होने पर ऐसा नहीं कि मन में गहरी कोई अनुभूति नहीं होती, लेकिन उस अनुभूति को सुनाने के लिए भी तो कोई पास होना चाहिए—'

नील आकाश, तैरते-से मेघ के टुकड़े,
खुली घासों में दौड़ती मेघ छायाएँ,
पहाड़ी नदी : पारदर्श पानी,
धूप धुले तल के रंगारंग पत्थर
सब देख बहुत गहरे कहीं जो उठे,
वह कहूँ भी तो सुनने को कोई पास न हो—
इसी पर जो जी में उठे वह कहा कैसे जाये?'[5]

इस अकेलेपन, इस उदासी से निकलने के लिए कोई अन्य चाहिए, फिर वही पुराना प्यार चाहिए। लेकिन वे छातियाँ कहाँ हैं जिनके बीच घर बनाया जा सके, एक बार फिर? कवि विराट से मिलने का संकल्प लेकर चला था, लेकिन विराटत्व के उस कालातीत सागर ने उसे उसकी 'कालबिद्ध' नियति से छुटकारा नहीं दिलाया। कवि किनारे पर छूट गया। उसने सागर से प्रार्थना भी की—

यों मत छोड़ दो मुझे, सागर
कहीं मुझे तोड़ दो, सागर
कहीं मुझे तोड़ दो
मेरी दीठ को और मेरे हिये को
मेरी वासना को और मेरे मन को,
मेरे कर्म को और मेरे मर्म को,
मेरे चाहे को और मेरे जिये को,
मुझको और मुझको और मुझको
कहीं मुझ से जोड़ दो।
यों मत छोड़ दो मुझे सागर
यों मत छोड़ दो।'[6]

('सागर मुद्रा-8')

इस हृदय-विदारक प्रार्थना के नेपथ्य में एक और प्रार्थना बजती है जो विराट से नहीं की गयी थी बल्कि व्यष्टि से, सृष्टि के एक लघु अंश से की गयी थी। उससे कुछ मौलिक, कुछ नया भी नहीं माँगा गया था—बस इतना ही कि

दुहरा दो, दुहरा दो, तुम्हीं बता दो
उस चितवन ने क्या कहा था
जिसमें तुम-ही-तुम थे, सागर भी डूब गया था
और मैं भी नहीं रहा था...[7]

('चितवन', 'क्योंकि मैं उसे जानता हूँ' में संकलित)

लेकिन यह प्रार्थना अनुत्तरित रह गयी थी। प्रेम की यह याचना, दोहरा देने की यह विकल प्रार्थना अब सुननेवाला ही कोई नहीं था। उधर सागर भी कुछ सुनने को तैयार नहीं—इसी बिन्दु पर मलयज ने एक तीसरे अज्ञेय को कितना सही पहचान लिया था।

यहाँ कवि दोहरी पराजय झेलता है। एक ओर उसकी अस्मिता का विलयन नहीं हो पाता, तो दूसरी ओर प्रेम भी छूट गया है जिसमें वह उस 'आदिम एकत्व' को न पाते हुए भी उसकी अभिपुष्टि तो पाता था। वह प्रेम में भी हार चला है। यहाँ प्रिय से हार जाने का भाव नहीं है, बल्कि स्वयं प्रेम के पूरे व्यापार में ही अभिशप्त नियति की तरह छुपी पराजय का बोध है—

नहीं तो और क्या है प्यार
सिवा यों
अपनी ही हार का अमोघ दाँव किसी को सिखाने के—
किसी के आगे
चरम रूप से वेध्य हो जाने के?[8]

('क्योंकि मैं उसे जानता हूँ' से)

सन्दर्भ-सूची

1. सदानीरा, भाग-2, पृ. 144.
2. सदानीरा, भाग-1, पृ. 238.
3. सदानीरा, भाग-2, पृ. 148.
4. वही, पृ. 183.
5. वही, पृ. 183.
6. वही, पृ. 260.
7. वही, पृ. 202.
8. वही, पृ. 212.

————

6
प्रेम, मृत्यु, अनन्तता

एक सामान्य धारणा है कि 'अनन्त' मृत्यु का विपरीतार्थक है। अनन्तता या 'एटर्निटी', वस्तुतः काल या 'टाइम' का विपरीत भाव है, न कि मृत्यु का। काल और मृत्यु इन दो संज्ञाओं में यों तो अनेक अन्तर बताये जा सकते हैं लेकिन सबसे महत्त्वपूर्ण अन्तर यह है कि मृत्यु एक जैविक यथार्थ है जबकि काल एक प्रत्यय है। इसीलिए काल से छूट जाना और मृत्यु से उबर जाना, एक ही बात नहीं है। बिना बहुत विस्तार में जाये भी यह कहना जरूरी है कि आधुनिक भौतिकी ने 'दिक्काल' की पूरी अवधारणा में जो भी परिवर्तन ला दिये हों, लेकिन भौतिकी के 'काल' और मनोविज्ञान या सामान्य अनुभव के काल में अन्तर करना आवश्यक है। बर्गसां की इस चेतावनी को याद रखने की जरूरत है। आधुनिक भौतिकी के हिसाब से दिक् और काल अविच्छेद्य हैं। किन्तु मनोविज्ञान का 'काल' दिक् से इस तरह अवियोज्य नहीं है। इसीलिए जब मनोवैज्ञानिक अर्थों में 'कालातीत' हो जाने की बात उठती है तो उसका अर्थ जीवन का समाप्त होना अथवा 'शून्यता' नहीं होता।

अरस्तू ने क्रिया (Energia) और गति (Kinesis) में भेद किया है। गति एक किस्म की अपूर्ण क्रिया है। अपूर्ण का पूर्णता की ओर बढ़ना ही गति है और काल का सम्बन्ध इसी गति से है। ऐसी क्रिया जो कि स्वयं में पूर्ण है, उसमें गति नहीं है और इसीलिए वह काल-मुक्त है। अरस्तू मानते हैं कि शारीरिक इन्द्रियों की आनन्दमयी क्रिया एक सम्पूर्ण क्रिया है। इसमें गति का प्रवेश नहीं है और इसीलिए काल का भी नहीं। ऐन्द्रिक क्रियाएँ सम्पूर्ण हैं यदि कोई बाधा न हो। अरस्तू ने इस बाधा (Impediments, जिसे फ्रायडीय शब्दावली में कुण्ठा या Frustration कहेंगे) को पहचान कर उन्हीं ऐन्द्रिक क्रियाओं को सम्पूर्ण माना जो कि आनन्ददायक हों। आनन्द इस प्रकार सम्पूर्णता का निकष है। बाधा या कुण्ठा ही इन्द्रियों की क्रिया को अपूर्ण बनाकर उसे कालग्रस्त कर देती है। बाधारहित या कुण्ठारहित क्रिया सम्पूर्ण है, वह क्रिया (Action) तो है, लेकिन गति (Movement) नहीं, इसलिए कालमुक्त है। उदाहरण के लिए देखने की क्रिया सम्पूर्ण है क्योंकि यह क्रिया अपनी सम्पूर्णता के लिए किसी अन्य बात पर निर्भर नहीं है, जो कालान्तर से आयेगी।

अरस्तू ने इस प्रकार सम्पूर्णता और कालातीतता को एक ही माना। जिस तरह बाधा एक क्रिया को अपूर्ण बनाकर उसे कालग्रस्त कर देती है, उसी तरह फ्रायडीय मनोविज्ञान में कुण्ठा वह मूल तत्त्व है जो मनोवैज्ञानिक काल की जननी है। दमन (Repression) कुण्ठा का स्वाभाविक परिणाम है जो सम्पूर्णता का दुश्मन है। दूसरे अध्याय में इस बात की किंचित् चर्चा हुई थी कि दमन का सम्बन्ध बचपन से है। बालक अपने से बाहर दुनिया की अलग सत्ता नहीं मानता। मानव शिशु पशुओं की अपेक्षा लम्बे बचपन के कारण अपने से बाहर के विश्व के बारे में देर से जानता है। अलगाव का यथार्थ उसके एकत्व के आनन्द में बाधा डालता है और आनन्द के दमन का कारण बनता है। यहाँ यह स्पष्ट कर देना बहुत जरूरी है कि पशुजगत में शिशु चूँकि बहुत जल्दी अपनी जैविक आवश्यकताओं के लिए आत्मनिर्भर हो जाता है इसीलिए वह अलगाव का यथार्थ बहुत जल्दी जान जाता है। इसीलिए उसके लिए अलगाव का यथार्थ दमन का कारण नहीं बनता। वह अलग होकर भी सम्पूर्ण है। किन्तु यह विशिष्ट मानवीय परिस्थिति है कि मानव शिशु का सम्पूर्णता बोध उसके 'एकत्व बोध' के साथ आबद्ध है। इसीलिए अलगाव जो मनुष्य सहित सारे पशुजगत में अलग-अलग शरीरों के होने के कारण एक सामान्य यथार्थ है, वही मानव की आनन्देच्छा के दमन का कारण बन जाता है। वह आनन्द जो सम्पूर्णता का निष्कर्ष है, दमन के उपरान्त अपूरित इच्छा के रूप में अवचेतन में निवास करता है। अलगाव से ही व्यक्तित्व और मृत्यु दोनों का नाता है। अलग अस्तित्व से अलग व्यक्तित्व बनता है और मृत्यु भी व्यक्ति की ही होती है। मृत्यु निर्वैयक्तिक नहीं होती। इस प्रकार आनन्देच्छा अलगाव का अर्थात् व्यक्तित्व का अर्थात् मृत्यु का विरोध करती है, उसे झुठलाने की कोशिश करती है, दबाने की कोशिश करती है, लेकिन चूँकि अहं या 'ईगो' यथार्थ का अनुवर्तन करता है, इसलिए आनन्देच्छा स्वयं दब जाती है। इस प्रकार मनुष्य का अहं सदैव इन दो विरोधी वृत्तियों के दबाव में काम करता है। पशु में यह दोनों वृत्तियाँ एक ही अविच्छेद्य अवस्था में हैं किन्तु मनुष्य में ये अलग-अलग और परस्पर विरोधी अवस्था में निवास करती हैं। नार्मन ओ ब्राउन के शब्दों में, "मानवीय स्तर पर, दमन विगत शैशव के प्रति एक अचेतन मनोग्रस्ति (Fixation) पैदा करता है। जीवन और मृत्यु की वृत्तियों की सहज एकता खण्डित हो जाती है तथा यह दोनों वृत्तियाँ दमित होकर अवचेतन में रहती हैं।" चूँकि मानवों में मरण जीवन का हिस्सा नहीं है, इसलिए इन्सान समझ नहीं पाता कि अपने भीतर की जो जैविक मृत्यु है उसका वह क्या करे। फ्रायड का कहना है कि मनुष्य अपनी दमित मरणेच्छा का बाह्यकरण करके आक्रामक बनता है। दूसरे मनुष्यों पर और प्रकृति पर विजय

की उसकी वृत्ति इसी मरणेच्छा का मुख बाहर की ओर मोड़ देने के कारण सम्भव हुई है। फ्रायड मानते हैं कि हरेक जीवधारी में वापस उस स्थिति में लौट जाने की सहज वृत्ति होती है जिस स्थिति में वह पहले था। फ्रायड ने इसे शुरू में 'निर्वाण' या 'रिपीटिशन-कम्पलशन' कहा था। आनन्द सिद्धान्त तनाव और उससे मुक्ति का सिद्धान्त है। तनाव से पहले की अवस्था में वापस जाना ही उनके यहाँ आरम्भ में निर्वाण सिद्धान्त था। लेकिन तनाव से मुक्ति के पश्चात् जो निष्क्रियता, शैथिल्य, निद्रा आदि की स्थितियाँ आती हैं, उनका, मृत्यु की अवस्था से सादृश्य होने के कारण बाद में फ्रायड ने 'निर्वाण सिद्धान्त' को मृत्यु की इच्छा के रूप में सिद्ध करने की कोशिश की। इससे भ्रम की सम्भावना काफी बढ़ी क्योंकि उन्होंने 'बियोंड दि प्लेज़र प्रिंसिपल' नाम की पुस्तक में कामेच्छा की ही भाँति एक मरणेच्छा की संकल्पना रखी जो मनुष्य में मूलभूत होती है और दोनों इच्छाओं में विरोध बतलाया। नार्मन ओ ब्राउन का मानना है कि निर्वाण सिद्धान्त को पहले की ही भाँति आनन्द सिद्धान्त से जोड़कर देखा जाना चाहिए। उसे मरणेच्छा के साथ जोड़ने से भ्रान्ति बढ़ती है। उनके अनुसार जहाँ पशु में कामेच्छा का दमन नहीं होता, उसी प्रकार वहाँ निर्वाण सिद्धान्त भी सहज रूप में काम करता है। लेकिन मनुष्यों में दमन है और इसीलिए निर्वाण सिद्धान्त ऐसी स्थिति में लौट जाने का नाम है जहाँ दमन नहीं था तथा तनाव एवं उससे मुक्ति में एक सहज सन्तुलन था। मनुष्यों में इस क्रिया को 'रिपीटिशन कम्पलशन' कहते हैं। मनुष्यों में यह वृत्ति दमनपूर्व की शैशविक स्थिति के प्रति मनोग्रस्ति को जन्म देती है और समूचा मानवीय उपक्रम इस दमित अतीत को पाने का प्रयास हो जाता है। इस प्रकार दमन शैशविक अतीत के प्रति मनोग्रस्ति पैदा करके एक 'ऐतिहासिक काल' का सृजन करता है जिसमें आगे बढ़ती हुई सारी मानवीय क्रियाएँ बहुत पीछे के अतीत को पाने की कोशिश हैं।[1]

किन्तु 'ऐतिहासिक काल' की मनोविश्लेषण से प्राप्त इस संकल्पना को हेगेल का सहारा लेकर नार्मन ओ ब्राउन थोड़ा-सा बदल देते हैं। वे मानते हैं कि दमन से ही ऐतिहासिक काल का सृजन हुआ। पशुओं में दमन नहीं है इसीलिए उनमें कोई इतिहासबोध भी नहीं है। किन्तु इस ऐतिहासिक काल के सृजन को वे दमित कामेच्छा की बजाय दमित मरणेच्छा के कोण से देखना चाहते हैं। ब्राउन के शब्दों में, "जैविक स्तर पर मरणेच्छा मृत्यु-पथ को अभिपुष्ट करते हुए साथ-ही-साथ जीवन-पथ को भी अभिपुष्ट करती है—यहाँ परिपक्वता (Ripeness) ही सब-कुछ है। किन्तु मानवीय स्तर पर दमित मरणेच्छा मरण को अभिपुष्ट करते हुए जीवन की अभिपुष्टि नहीं कर सकती। ठीक इसी तरह दमित जीवनेच्छा मरण की

अभिपुष्टि नहीं करती, परिणामस्वरूप वह मृत्यु से भागती है। मृत्यु स्वयं को (और जीवन को भी) सिर्फ एक ही रास्ते से अभिपुष्ट कर सकती है और वह है स्वयं मरणेच्छा का ऐसी शक्ति के रूप में रूपान्तरित होना जो जीवन को नकारती है।"[2] फ्रायड के यहाँ मरणेच्छा बाहर की ओर अभिमुख होकर आक्रामकता का सृजन करती है। किन्तु हीगेल इस मरणेच्छा के रूपान्तरित होने की बात कहते हैं। यहाँ रूपान्तरित मरणेच्छा अपने जीवन को दाँव पर लगाकर भी दूसरों के जीवन को अपने हिसाब से चलाने की कोशिश में व्यक्त होती है। वर्ग संघर्ष का इतिहास (हीगेल के शब्दों में स्वामी और दास का द्वन्द्व) मरणेच्छा के बहिर्मुख होने का परिणाम है। मरणेच्छा के दमन के मूल में मरणेच्छा का नकार है। मरणेच्छा का यह नकार रूपान्तरित होकर प्रकृति के नकार अर्थात् प्रकृति को परिवर्तित करने की चेष्टा में व्यक्त होता है जिसे हीगेल 'मानवीय श्रम' कहते हैं जो इतिहास का आधारभूत संवर्ग है।

इस प्रकार ऐतिहासिक काल के सृजन के मूल में दमन है, इस पर फ्रायड और हीगेल दोनों सहमत हैं। अर्थात् मानवीय इतिहास न्यूरोसिस का इतिहास है। फर्क दोनों में यह है कि जहाँ फ्रायड इस ऐतिहासिक काल की उत्पत्ति कामेच्छा के दमन से जोड़ते हैं, वहीं हीगेल इसे मरणेच्छा के दमन से जोड़ते हैं। फ्रायड का कहना है कि भौतिक विकास में मनुष्य एक सम्पूर्णता की चाह से परिचालित है। वह काल में ज्यों-ज्यों बढ़ता जा रहा है, भौतिक विकास त्यों-त्यों बढ़ रहा है। वह भविष्य में बढ़ रहा है लेकिन अपने शैशविक अतीत की सम्पूर्णता को प्राप्त करने के लिए। चूँकि काल में वापस नहीं जाया जा सकता इसीलिए वह लगातार नयी-से-नयी चीजें बनाकर, बड़े-से-बड़ा आविष्कार करके सोचता है कि उस सम्पूर्णता को पा लेगा जो उससे छिन गयी है।

हीगेल जैसा कि कहा गया मरण की इच्छा के दमन से ऐतिहासिक काल की शुरुआत देखते हैं। अनादिकाल से मनुष्य की अमर होने की चाह वस्तुतः मरणेच्छा का दमन ही है। मनुष्य एकमात्र जीव है जो अपने मृतकों का स्मारक बनाता है। यह मरण से पलायन ही है, अपनी दमित मरणेच्छा का रूपान्तरण ही है जो प्रकृति और मनुष्यों की ओर मोड़ दिये जाने के कारण द्वन्द्वात्मकता का सृजन करता है। मनुष्य मरणेच्छा के दमन के कारण मनुष्य और प्रकृति को बदल डालना चाहता है। वह जो है (Being) उससे अलग कुछ होना चाहता है (Becoming)। यह 'बिकमिंग' ही इतिहास है। फिर से एक बार हम अरस्तू को याद करें तो पायेंगे कि मनुष्य जो है उससे अलग कुछ होना चाहने के कारण वह जो क्रियाएँ करता है, वे क्रियाएँ अपूर्ण हैं और इसीलिए कालबद्ध हैं। ऐतिहासिक काल वस्तुतः

जीवनेच्छा और मरणेच्छा दोनों में दमन और संघर्ष से पैदा होता है। अब सवाल यह है कि जब यह जान लिया गया कि दमन ही इतिहास का मूल है, काल का मूल है तो क्या दमन से छुटकारा पाकर, इतिहास और काल से छुटकारा नहीं पाया जा सकता? इसका उत्तर यदि 'हाँ' है तो जीवन और मृत्यु दोनों के दमन से मुक्त होकर ही इतिहास या काल से मुक्ति सम्भव है। अर्थात् कालमुक्त होना मृत्यु को स्वीकार करके ही सम्भव है।

जैसे ही जीवन मृत्यु को नकारना छोड़ देगा, उसे अपना ही हिस्सा मानेगा, वैसे ही वह कालमुक्त हो जायेगा। कालमुक्तता मृत्यु के खुले स्वीकार से आयेगी न कि उसके दमन से। सवाल यह है कि कालमुक्ति क्या सम्भव है? मनोविश्लेषण की सम्मति है कि दमन से छुटकारा नहीं, इसीलिए काल से छुटकारा नहीं। किन्तु सिद्धान्त में स्वयं ऐसा कुछ भी नहीं है जो इस कालमुक्ति की सम्भावना के खिलाफ जाये। हम जानते हैं कि 'शैशविक एकत्व' से आबद्ध होने के कारण ही जीवनेच्छा अलगाव, व्यक्तित्व या मृत्यु के खिलाफ जाकर उसका दमन करती है। यहीं से दोनों इच्छाएँ दमित और पृथक् होकर इतिहास का सृजन करती हैं। हीगेल ने मरणेच्छा को अधिक महत्त्व इसलिए दिया कि प्रेम एक आन्तरिक आत्मपरक अनुभव है जो इतिहास की व्यापकता को अन्तर्व्याप्त नहीं कर सकता। इसीलिए मानवीय इतिहास मानवीय प्रणय का विस्तार नहीं है।

काल से मुक्त होना अर्थात् मरणेच्छा के दमन से मुक्त होना शायद इसीलिए असम्भव जान पड़ता है कि काल में फँस चुका व्यक्ति अपनी ही ऐतिहासिक प्रगति पर इतना सम्मोहित है, अपनी ही 'बिकमिंग' का इतना अभ्यस्त है कि वह कालमुक्त क्रिया की कोई कल्पना ही नहीं कर पाता। कालमुक्त क्रिया गति नहीं है, वह सफर नहीं, वह 'जो है' से 'जो होना चाहिए' की ओर प्रस्थान नहीं है। लेकिन कालबद्ध मनुष्य अपनी बनायी इस ऐतिहासिक सभ्यता और उसकी चमक से इतना आक्रान्त है कि वह इस निरुद्देश्य क्रिया की कल्पना ही नहीं कर सकता। अनुद्देश्य या कालमुक्त क्रिया के दो सुन्दर उदाहरण हैं—एक हकीकत का और एक कल्पना का। एक है बहुत ही छोटे बच्चों का खेल और दूसरा है 'ईश्वर की लीला'। दोनों ही सहज आनन्द की क्रियाएँ हैं जिनका अपने से बाहर कोई लक्ष्य नहीं जहाँ पहुँचना हो। चूँकि कहीं और पहुँचना काल में ही सम्भव है, इसीलिए 'खेल' अथवा 'लीला' कालमुक्त क्रिया व्यापार हैं।

आधुनिक दार्शनिक चिन्तकों में जिद्दू कृष्णमूर्ति अपनी 'सभ्यता समीक्षा' में इस मनोवैज्ञानिक काल की समाप्ति की सम्भावना को (जो कि इतिहास का भी अन्त है) लगातार व्याख्यायित करते रहे हैं। कविता में मरण के स्वीकार के जरिये काल से मुक्ति की कल्पना भी अनेक कवियों में पायी जा सकती है लेकिन इतिहास

से अभिभूत आज के युग में यह संवेदना दुर्लभ है और इसीलिए मृत्यु के स्वीकार के जरिये काल से मुक्ति की कल्पना जितने अंशों में कवि अज्ञेय करते हैं, उतने अंशों में वे एक दुर्लभ संवेदना के धनी कवि हैं।

कविता में 'जीवन और मृत्यु' अथवा 'प्रेम और मृत्यु' के समक्षीकरण के दो प्रधान तरीके हैं। एक तो वे कविताएँ हैं जिनमें प्रेम और मृत्यु विरोधी भावों के रूप में आते हैं। ऐसी कविताओं में प्रायः मृत्यु से पलायन होता है। यहाँ मौत की उपस्थिति से प्रेम की प्यास के और बढ़ जाने के चित्र हैं। मृत्यु के दमन के जरिये प्रेमेच्छा अपना प्रतिफलन खोजती है किन्तु जैसा कि ऊपर के विश्लेषण से स्पष्ट है मृत्यु के यथार्थ के दबाव में स्वयं भी दब जाती है। प्रेमेच्छा का यह दमन एक वेदना के रूप में प्रकट होता है। इस प्रकार मरणेच्छा का दमन तो इन कविताओं में प्रत्यक्ष होता है लेकिन प्रेमेच्छा जो अनायास दब जाती है, उसका पता अन्तर्व्याप्त वेदना से ही चल पाता है। इस तरह का समक्षीकरण रोमाण्टिक कवियों की प्रधान विशेषता है। कीट्स के बारे में ट्रिलिंग इस तरह के समक्षीकरण का जिक्र करते हुए कहते हैं, "जब कीट्स, जैसा कि वे अक्सर करते हैं, प्रेम की अपनी भावनाओं को और मृत्यु की अपनी भावनाओं को साथ-साथ लाते हैं तब हमारे सामने एक शक्तिशाली विचार होता है जो अन्य विचारों का भी स्रोत होता है। इस विचार की शक्ति उन भावनाओं की शक्ति है जो एक-दूसरे के सामने लायी गयी हैं। इस विचार की शक्ति इस बात पर भी निर्भर है कि वे भावनाएँ किस तरह से एक-दूसरे के समक्ष लायी गयी हैं।"[3]

दो भावनाओं के समक्षीकरण से एक विचार की उत्पत्ति के प्रसंग में यह वक्तव्य दिया गया है, किन्तु ट्रिलिंग ने प्रेम और मृत्यु की भावनाओं का उदाहरण देकर रूमानी कवियों की विशिष्ट प्रवृत्ति की ओर इशारा किया है। जैसा कि ऊपर कहा गया रूमानी कवियों में प्रेम और मृत्यु अथवा जीवन और मृत्यु एक-दूसरे से होड़ करते हुए आते हैं। एक को पछाड़ने की कोशिश दूसरी इच्छा करती है लेकिन इस होड़ में मौत की जीत पक्की होने से एक वेदना की सृष्टि होती है। जयशंकर प्रसाद की प्रसिद्ध पंक्तियाँ द्रष्टव्य हैं–

चढ़कर मेरे जीवन रथ पर,
प्रलय चल रहा अपने पथ पर,
मैंने निज दुर्बल पद-बल पर,
उससे हारी होड़ लगायी।

यहाँ 'हारी' विशेषण से वेदना की अभिव्यक्ति हुई है और संवेदन विचार के स्तर तक पहुँच गया है।

अज्ञेय के यहाँ भी मृत्यु से पलायन या उसके विरोध की कविताएँ रूमानी कवियों की ही तरह मिलती हैं जिनमें प्रेम की ललक आपाततः बढ़ी हुई दीखती है लेकिन मृत्यु की अपरिहार्यता की अचेतन स्वीकृति प्रेम को भी विषादमय बना जाती है। इसके विपरीत अज्ञेय के यहाँ वे कविताएँ भी हैं जो मृत्यु के खिलाफ नहीं, बल्कि 'मृत्यु के भय' के खिलाफ खड़ी हैं। 1936 में लिखी 'मैं तुम्हारे ध्यान में हूँ' तथा 1946 में लिखी 'समाधि-लेख' दोनों ही कविताएँ जो 'इत्यलम्' में संकलित हैं, मृत्यु के भय का प्रत्याख्यान हैं अर्थात् जहाँ मृत्यु को स्वीकार कर लेने से, जीवन द्वारा उसे अंगीभूत किये जाने से मृत्यु का भय समाप्त हो गया दीखता है। जहाँ पहले तरह की कविताएँ जिनमें मृत्यु के प्रति विरोध व्यक्त है (और जो विषादमय है), वे रूमानी कवियों में विशेष रूप से पायी जाती हैं, वहीं मृत्यु के स्वीकार द्वारा कालबद्ध नियति से छुटकारे की कविता एक आधुनिक भावबोध है जो मृत्यु से भय खानेवाली अस्तित्ववादी प्रतिक्रिया से पृथक् एक महत्त्वपूर्ण विचार का सृजन करती है। अज्ञेय का वैशिष्ट्य यह है कि प्रेम और मृत्यु के रूमानी समक्षीकरण से चलकर वे आधुनिक भावबोध तक पहुँचे हुए कवि हैं जहाँ 'काल की उत्पत्ति दमन से होती है', इस बात को वे कवि सुलभ अन्तर्दृष्टि से समझ कर मृत्यु के स्वीकार की कविताएँ लिखते हैं।

हमने प्रेम और मृत्यु के समक्षीकरण की दो मोटी पद्धतियों का जिक्र किया, किन्तु जैसा कि ट्रिलिंग का कहना है, समक्षीकरण के द्वारा संवेदन कितने शक्तिशाली विचार तक पहुँचेंगे, यह इस बात पर निर्भर करेगा कि समक्षीकरण का ढंग क्या है। इस ढंग के बदलने से जो ऊपर दो मोटे विभाग किये गये उनमें भी पर्याप्त वैविध्य का अवकाश निकल आता है।

'प्रेम और मृत्यु' पहली बार अज्ञेय के यहाँ 'चिन्ता' के विश्वप्रिया खण्ड में संकलित आठवीं कविता में एक साथ दीखते हैं। यह कविता उस 'रोमाण्टिक एगोनी' की उत्तम कविता है जिसे रूमानियत का आधारभूत लक्षण बताया जाता है। यहाँ उत्कट 'मिलन की प्यास' को आज ही बुझा देने का आह्वान है क्योंकि कल की आस झूठ है। कल तो 'भुवन भर को माप लेगा काल-डग का व्यास'—

"आज तुम से मिल सकूँगा, था मुझे विश्वास
आज जबकि बबूल पर भी सिरिस कोमल बौर पलता—
मंजरी की प्यालियों में ओस का मधु दौर चलता,
खेलती थी विजय में सुरभित मलय की साँस
उर भरे उल्लास।"[4]

यह मंजरी की प्यालियों में ओस के मधु दौर का चलना और विजन में सुरभित मलय की साँस का खेलना एक चित्र है जो प्रेम के उल्लास से भरपूर है। यह चित्र कविता के अन्त में आये इस चित्र के समक्ष लाया गया है, जहाँ मृत्यु की आहट पहले के उल्लास के चित्र को भी वेदना से व्याप्त कर जाती है—

कल जवानी की उमंगें बिखर होंगी धूल जग में—
आज की यह कामना ही चुभेगी बन शूल मग में
भुवन भर को माप लेगा काल-डग का व्यास
प्रलय का आभास।[5]

यहाँ एक बहुत स्वाभाविक यथार्थ का अंकन हुआ है। किसी अत्यन्त आत्मीय की अकस्मात् मृत्यु से प्रायः हमारी स्मृति में उसके साथ बिताये वे ही क्षण आते हैं जो सबसे सुन्दर थे। यही नहीं बल्कि स्वयं की आसन्न मृत्यु के क्षण में भी जीवन की सबसे मधुर स्मृतियाँ झलक मारने लगती हैं। रसवादियों के लिए कभी-कभी यह स्थिति संकट भी खड़ा कर सकती है क्योंकि यहाँ करुण और शृंगार अपनी पूरी त्वरा से टकराते हैं और परिस्थिति की तात्कालिकता के सन्दर्भ के बगैर रस का निर्णय असम्भव हो जाता है। जब शेली कहते हैं कि 'है सबसे मधुर वह गीत जिसे हम दर्द के सुर में गाते हैं' तो वे रूमानियत की सबसे बड़ी विशेषता और उसके प्रतिमान को भी दृढ़ कर रहे होते हैं। प्रेम और मृत्यु, मिलन और विदाई, हास और विषाद जब एक साथ आयें और वेदना की सृष्टि करें, तभी उसे रूमानियत का सही लक्षण मानना चाहिए, ऐसा कुछ का मानना है। 'लक्षण' शीर्षक यह कविता रूमानियत के इसी लक्षण की सुन्दर अभिव्यक्ति है—

''आँसू से भरने पर आँखें और चमकने लगती हैं
सुरभित हो उठता समीर जब कलियाँ झरने लगती हैं
बढ़ जाता है सीमाओं से जब मेरा यह मादक हास
समझ तुरत जाता हूँ मैं 'अब आया समय विदा का पास।'''[6]

('भग्नदूत' से)

अज्ञेय के यहाँ पहले दौर की परिसमाप्ति तक पहुँचते-पहुँचते प्रेम और मृत्यु के समक्षीकरण की कविताओं में वेदना की मात्रा घटती जाती है। दोनों के प्रति एक सहज स्वीकारी भाव आता है। पहले भी कहा गया कि यह वेदना ही है जो यह बताती है कि मरणेच्छा का दमन है कि नहीं। कभी-कभी शब्दों के अभिधार्थ पर न जाकर सिर्फ वेदना के असर के माध्यम से पकड़ना पड़ता है कि कविता मृत्यु के दमन की है अथवा मृत्यु के स्वीकार की। यह वेदना ही है जो इस बात का निर्णय करेगी कि कविता मृत्यु के खिलाफ है अथवा मृत्यु के भय के खिलाफ। यह वेदना

ही कविता की रूमानियत या गैर-रूमानियत का भी निर्णय करेगी। दूसरे अध्याय में यह बताया गया कि कैसे एकदम आरम्भ की कविताओं में मृत्यु का आतंक कवि की प्रणय वेदना का कारण है किन्तु पहले दौर की समाप्ति तक आते-आते मृत्यु के भय को ही चुनौती देनेवाली कविताएँ आने लगती हैं जिनमें मृत्यु का स्वीकार ही प्रधान है। दूसरे अध्याय में 'मैं तुम्हारे ध्यान में हूँ' (1936), 'जन्मदिवस' (1946) तथा 'समाधि-लेख' (1946) जैसी कविताओं को उदाहरण रूप में प्रस्तुत करने के पीछे यही दृष्टि थी।

दूसरे दौर में आकर यह मृत्यु का स्वीकार और भी बढ़ जाता है। 1947 में लिखी कविता 'पावस प्रात, शिलङ' में यह बात वेदना की अनुपस्थिति से ही पता चलती है–

"भोर बेला। सिंची छत से ओस की तिप तिप। पहाड़ी काक
की विजन को पकड़ती-सी क्लान्त बेसुर डाक–
हाक। हाक। हाक।

मत संजो यह स्निग्ध सपनों का अलस सोना
रहेगी बस एक मुट्ठी खाक
थाक। थाक। थाक।"[7]

('हरी घास पर क्षण-भर' से)

यहाँ मौत की रिद्म एक तरह से मौत में भी लय और ताल की उपस्थिति को सूचित करती है–'थाक। थाक। थाक।' लय और ताल जैसे जीवन में है वैसे ही मृत्यु में भी। यहाँ भोर में मृत्यु का आभास 'मौत को झुठलाते स्निग्ध सपनों की अलस नींद' को भगाने के लिए प्रयुक्त है। यहाँ 'स्निग्ध सपनों का अलस सोना' प्रेममात्र को व्यंजित नहीं करता, बल्कि प्रेम के उस रूप को प्रतीकित करता है जो मृत्यु के नकार में पलता है। इसीलिए यह कविता 'मृत्यु के विरोध' की नहीं बल्कि 'मृत्यु के भय के विरोध' की कविता है।

कभी-कभी दो अलग-अलग भावों की प्रतीत होनेवाली कविताएँ कैसे एक ही संवेदना की वाहक होती हैं, यह अशोक वाजपेयी की हाल की मृत्यु सम्बन्धी कविताओं में देखा जा सकता है। अशोक वाजपेयी की 'अन्त के बाद-1' और 'अन्त के बाद-2', यह दोनों ही कविताएँ जीवन और मृत्यु के सम्बन्ध में आपाततः अलग-अलग दृष्टिकोण की प्रतीत होने के बाद भी एक ही दृष्टिकोण की कविताएँ हैं। दोनों के प्रतिनिधि अंश उद्धृत हैं–

अन्त के बाद
हम समाप्त नहीं होंगे–
यहीं जीवन के आसपास
मँड़रायेंगे–
यहीं खिलेंगे गन्ध बनकर,
बहेंगे हवा बनकर
छायेंगे स्मृति बनकर।

अन्ततः
हम अन्त को बरकाकर
फिर यहीं आयेंगे–
अन्त के बाद
हम चुपचाप नहीं बैठेंगे।[8]

('अन्त के बाद-1' से)

अन्त के बाद
कुछ नहीं होगा–
न वापसी
न रूपान्तर
न फिर कोई आरम्भ
अन्त के बाद
सिर्फ अन्त होगा

न देह का चकित चन्द्रोदय
न आत्मा का अन्धेरा विषाद,
न प्रेम का सूर्यस्मरण।[9]

('अन्त के बाद-2' से)

पहली कविता में अन्त को अस्वीकार करने का भाव बहुत प्रत्यक्ष है। 'काल से होड़' लेता जीवन स्पष्ट है। 'अन्त को बरकाकर' फिर यहीं आने में वस्तुतः अपने दमित अतीत को फिर से पाने की इच्छा है जिसे मृत्यु ने दबा दिया है। यहाँ भविष्य में अतीत का ही प्रक्षेपण है। स्पष्ट ही जैसा कि इस अध्याय के पूर्वार्द्ध में कहा गया, यह 'वापस आना' अपने ही दमित अतीत को फिर से पाने के लिए भविष्य में लगातार अन्तहीन ढंग से आगे बढ़ते जाने की कालबद्ध नियति का संकेत है। यही मनुष्य की 'मृत्यु विरोधी' अमरत्व की कामना है जो 'मृत्यु के अस्वीकार पर टिकी होने से कालबद्ध बनी रहने के लिए अभिशप्त है।' मृत्यु को स्वीकार करके कालातीत हो जाने की प्रक्रिया का यहाँ आभास तक नहीं है।

'अन्त के बाद-2' कविता आपाततः मृत्यु के स्वीकार की कविता लगती है, लेकिन बहुत कोशिश करने के बाद भी एक दर्द, एक वेदना उभर ही आती है जो कि शब्दों के बावजूद मौत के अस्वीकार का ही पता देती है। यहाँ जीवन के सरस चित्र और मृत्यु के बाद उनके नष्ट होने की वेदना छिपी हुई है–

न देह का चकित चन्द्रोदय
न आत्मा का अन्धेरा विषाद,
न प्रेम का सूर्यस्मरण।
न थोड़े से दूध की हलकी-सी चाय
न बटनों के आकार से
छोटे बन गये काजों की झुँझलाहट।[10]

मौत के क्षण में जीवन के इन चित्रों की याद अतीत में बिताये गये जीवन के प्रति कवि के मोह को सूचित कर रही है। यद्यपि वह इस कविता में जीवन के नकार (जो कि ऊपर की पंक्तियों में बारम्बार आनेवाले 'न' से सूचित हो रहा है) और मृत्यु के स्वीकार की बात कह रहा है लेकिन जीवन के इन चित्रों की यह उपस्थिति विपरीत ध्वनि का सृजन कर रही है। एक बार फिर हम इसी निष्कर्ष पर पहुँचते हैं कि जीवन का नकार और मृत्यु का स्वीकार वास्तव में जीवन और मृत्यु के विपरीत और विरोधी होने की स्थिति और मरण की इच्छा के दमन को सूचित करता है। कवि प्रतिक्रिया से भरकर मरण की दशा में जीवन की प्यास बढ़ने की उलट भावस्थिति का संकल्प लेता है लेकिन विडम्बना यह है कि कविता स्वयं इस संकल्प के खिलाफ बोलती नजर आती है। जब तक जीवन और मृत्यु–दोनों में समनुरक्ति नहीं आती तब तक मरणेच्छा का दमन (और जीवनेच्छा का दमन) बना ही रहता है। इस कविता में विरोधी संकल्प के बावजूद संवेदना के स्तर पर यह कविता नीचे उद्धृत कविता से भिन्न नहीं है–

हम न होंगे–
जीवन और उसका स्पन्दन,
कड़ी धूप में घास की हरीतिमा,
प्रेम और मन्दिरों का पुराना स्थापत्य,
अक्षर, भाषा और सुन्दर कविताएँ,
इत्यादि, लेकिन फिर भी सब होंगे–
किलकारी, उदासी और गान सब–
बस हम न होंगे–[11]

(हम न होंगे, अशोक वाजपेयी)

अज्ञेय का वैशिष्ट्य इसी बात में है कि वे जीवन और मृत्यु की समनुरक्ति की कविताओं को लम्बे समय तक लिखते रहे हैं। 'बावरा अहेरी' की यह 'विज्ञप्ति' देखिये--

फूलों को प्यार करो पर झरे को झर जाने दो,
जीवन का रस लो, देह-मन-आत्मा की रसना से
पर जो मरे उसे मर जाने दो।
जरा है भुजा तितीर्षा की : मत बनो बाधा–
जिजीविषु को तर जाने दो।

आसक्ति नहीं, आनन्द है सम्पूर्ण व्यक्ति की अभिव्यक्ति :
मरूँ मैं, किन्तु मुझे घोषित यह कर जाने दो।[12]

(1952, 'बावरा अहेरी' से)

जीवन और मृत्यु का 'शाश्वत सम्बन्ध' वे 1934 की लिखी इस कविता में भी व्यक्त करते हैं–

क्रमशः मृत्युः मृत्यु भी सत्य ही है, उसे हम छोड़ नहीं सकते
हाँ शिवता, सुन्दरता हम उसे दे सकते हैं,
अभी किन्तु जीवन अन्तहीन तपस्या जिससे हम मुँह मोड़ नहीं सकते
यह सम्बन्ध (या विपर्यास) शाश्वत है क्योंकि इसे
हम चाहे जिस अर्थ में ले सकते हैं।[13]

('इन्द्रधनु रौंदे हुए ये' से)

अज्ञेय की कविता में बहुत आरम्भ को छोड़कर कहीं भी मृत्यु के पार जीवन या कि पुनर्जन्म की सम्भावना के चित्र नहीं मिलेंगे। दुनिया के सारे धर्मों में मौत के भय से एक काल्पनिक परालोक की दुनिया या फिर पुनर्जन्म की सम्भावनाओं के लिए व्यवस्था की गयी थी कि मनुष्य मौत को पराजित करने के मुगालते में जिया करे। यह सही है कि आज का कवि वैसा आस्थाशील नहीं है लेकिन धार्मिक परम्परा से प्राप्त यह चित्र उसके अवचेतन के अंग हैं और वह इस मृत्यु से उबरने के लिए इनका कविता में इस्तेमाल भी करता है। के. सच्चिदानन्दन की कविता 'मृत्यु' का यह अन्त द्रष्टव्य है–

अपने पिता के पीछे बैठकर घोड़े पर
पीछे छोड़ते सूर्योदय का गुलमोहर
मिथुनरत पहाड़ी रास्ते और गुदी हुई पहाड़ियाँ
मैं अपनी घुड़दौड़ शुरू करूँगा।[14]

यहाँ हम स्पष्ट ही भविष्य में अतीत का प्रक्षेपण देखते हैं। 'पिता के पीछे घोड़े पर बैठकर घुड़दौड़ शुरू करना' चाइल्डहुड फिक्सेशन का सुन्दर काव्यावतरण है।

इसके विपरीत सीताकान्त महापात्र की 'दोपहर' कविता जीवन के चित्र उपस्थित करती हुई भी न तो मृत्यु को नकारती है न जीवन को।[15] उस पर विषाद की कोई छाया नहीं है। वे अशोक वाजपेयी की 'अन्त के बाद-2' कविता की तरह जीवन को नकार कर प्रकारान्तर से मृत्यु के नकार का पता नहीं देती। न इस कविता में 'अन्त के बाद-1' जैसी फिर से जन्म पाने की कामना है न ही सच्चिदानन्दन की 'मृत्यु' शीर्षक कविता की तरह भविष्य में अतीत का प्रक्षेपण है।

अज्ञेय सही मायनों में सीताकान्त महापात्र के अग्रज हैं। अभी तक हमने उनके पहले और दूसरे दौर की कविताओं में मृत्यु के स्वीकार की कविताओं के बारे में विचार किया।

तीसरे दौर में आकर वे कालातीतता की ओर बढ़ते दीखते हैं। 1957 ई. की कविता 'मैं देख रहा हूँ' जीवन और मृत्यु की समनुरक्ति की अत्यन्त उत्कृष्ट कविता है—

मैं देख रहा हूँ
झरी फूल से पंखुरी
—मैं देख रहा हूँ अपने को ही झरते
मैं चुप हूँ
वह मेरे भीतर वसन्त गाता है।[16]

'पंखुरी का झरना' और 'वसन्त का गाना' एक ही प्रक्रिया हैं। दोनों को समान भाव से देखना, बल्कि अखण्ड देखना तथा दोनों के स्वीकार में चुप रह जाना एक उपलब्धि है। 'पंखुरी का झरना' अर्थात् मृत्यु और 'वसन्त का गाना' अर्थात् जीवन एक ही अखण्ड अविभक्त सत्य है।

मृत्यु के स्वीकार से आगे बढ़ने पर 'काल का अन्त' स्पष्ट ही नजर आता है।

मैंने देखा
एक बूँद सहसा
उछली सागर के झाग से :
रंग गयी क्षण-भर
ढलते सूरज की आग से।

मुझको दीख गया :
सूने विराट् के सम्मुख
हर आलोक-छुआ अपनापन

है उन्मोचन

नश्वरता के दाग से।[17]

('एक बूँद सहसा उछली' से)

प्रेम का अनुभव कालातीत अनुभव है, अरस्तू ने जिसे सम्पूर्ण क्रिया कहा था। काल के सागर में बहता, बूँद जैसा मानवीय अस्तित्व प्रेम में एक क्षण को इतिहास से मुक्त हो जाता है। वह सम्पूर्णता को पाता है क्योंकि यहाँ जैविक मृत्यु का तिरस्कार नहीं है जो कि प्रेम का ही दमन कर दे। इस कविता में 'नश्वरता' मृत्यु की बोधक नहीं है, वह काल की बोधक है—जिसे हमने इस अध्याय के आरम्भ में ही मृत्यु से अलगा कर दिखलाया था। 'नश्वरता के दाग' से उन्मोचन मृत्यु का प्रत्याख्यान नहीं, बल्कि मनोवैज्ञानिक और ऐतिहासिक काल से छूट कर अपनी सम्पूर्णता की उपलब्धि है और यह उपलब्धि व्यक्तिगत मृत्यु के स्वीकार से पैदा होती है, उसके विरोध से नहीं।

सन्दर्भ-सूची

1. Norman 'O Brown : Life Against Death, Pg. 103 (Wesleyan University Press, Connecticut, 1970)
2. वही, पृ. 103.
3. Lionell Trilling : The Liberal Imagination, Pg. 266 (Harcourt Brace Joranovich. 1979)
4. अज्ञेय : सदानीरा, भाग-1 पृ. 19.
5. वही,. पृ. 19.
6. बही, पृ. 126.
7. वही, पृ. 210.
8. अशोक वाजपेयी : कहीं नहीं वहीं, पृ. 25 (राजकमल, दिल्ली, 1990)
9. वही, पृ. 27.
10. वही, पृ. 27.
11. वही, पृ. 16.
12. सदानीरा, भाग-1, पृ. 258.
13. वही, पृ. 268.
14. के. सच्चिदानन्दन : प्रतिनिधि कविताएँ, पृ. 80, (राजकमल, दिल्ली, 1987)
15. सीताकान्त महापात्र : प्रतिनिधि कविताएँ, में संकलित पहली कविता 'दोपहर' का जिक्र, राजकमल, दिल्ली, 1987.
16. सदानीरा, भाग-2, पृ. 27.
17. वही, पृ. 44.

परिशिष्ट

नदी के द्वीप : प्रतीक और विचार

अज्ञेय की कविता ''नदी के द्वीप'' (1949) प्रतीक और बिम्बों में सम्प्रेषित एक विचार है। यों तो नयी कविता के जमाने से हिन्दी में एक रूढ़ मान्यता यह रही आयी है कि आधुनिक काव्यभाषा बिम्बधर्मा होती है और वक्तव्य उससे अलहदा अकाव्यात्मक चीज है, लेकिन नयी कविता के शीर्ष कवि और सिद्धान्तकार अज्ञेय ने महज इस कविता में ही नहीं, बल्कि अपनी अनेक कविताओं में प्रतीक-बिम्ब और वक्तव्य की परस्पर अपवर्जिता को अमान्य किया है। उनकी अनेक कविताएँ आत्मवक्तव्य हैं या फिर उनकी रचना-प्रक्रिया, काव्य की सैद्धान्तिक प्रस्थापनाएँ, विरोधियों से विवाद, जीवन-दर्शन, ज्ञान-मीमांसा सम्बन्धी काव्यात्मक वक्तव्य सरीखी हैं। ऐसी कविताएँ अज्ञेय ने हर दौर में लिखीं। उदाहरण के लिए कवि (1932), रहस्यवाद (1937), वर्ग-भावना-सटीक (1941), समाधि-लेख (1946), सत्य तो बहुत मिले (1954), शब्द (1954), मैं वहाँ हूँ (1954), हमने पौधे से कहा (1954), नयी कविता : एक सम्भाव्य भूमिका (1955), मैं तुम्हारा प्रतिभू हूँ (1955), देना जीवन (1955), जितना तुम्हारा सच है (1955), कवि के प्रति कवि (1956), हम कृति नहीं हैं (1956), लौटे यात्री का वक्तव्य (1957), मैंने कहा पेड़ (1957), मैंने देखा एक बूँद (1958), नया कवि : आत्मस्वीकार (1958), नये कवि से (1958), नया कविः आत्मोपदेश (1958), पाठक के प्रति कवि (1960), चक्रान्त शिला–8(1961), चक्रान्त शिला–16(1961), पक्षधर (1965), दिया हुआ; न पाया हुआ (1968), क्योंकि मैं (1968), दोनों सच हैं (1969), कविता की बात (1969), हट जाओ, बौद्धिक बुलाये गये, (1976 के बाद), इतिहास-बोध (1980) आदि। इनमें से कुछ कविताएँ निस्सन्देह ऐसी हैं जिनमें दर्शन या विचार अनुभूति की बिम्बभाषा में पूरी तरह घुल चला है जैसे 'मैंने देखा एक बूँद'' या ''चक्रान्त शिला–8 और 16'', लेकिन ज्यादातर कविताओं में ऐसा नहीं है जहाँ वक्तव्य बिम्बों में व्यक्त अनुभव–संश्लेष से मिलकर विचार को मूर्त करते हैं। यदि ऐसी कविताओं को ''विचार-कविता'' (अज्ञेय द्वारा ही व्यवहार किया गया शब्द) माना जाये, तो कहना होगा कि अज्ञेय ने विचार-कविताएँ कम नहीं लिखीं, भले ही उन्हें ऐसी कविताओं से खुद ही एतराज रहा हो, ''विचार-कविता'' शीर्षक टिप्पणी (भवन्ती, 1972) में वे लिखते हैं, ''विचार-कविता'' की जड़ में खोखल यह

है कि विचार चेतन क्रिया है जबकि कविता की प्रक्रिया चेतन और अवचेतन का योग है जिसमें अवचेतन अंश अधिक है और अधिक महत्त्वपूर्ण है...''विचार कविता'' का समर्थक यह कहे कि उसमें एक स्तर रचना/सर्जना का है, साथ ही दूसरा स्तर है जिसमें कल्पना से प्राप्त प्राक्-रूपों/बिम्बों में चेतन आयास से वस्तु या अर्थ भरा गया है, तो यह उस प्रकार की कविता को अलग से पहचानने में योग देगी। पर यह आपत्ति बनी रहेगी कि यह दूसरा स्तर तर्क-बुद्धि का स्तर है, रचना का नहीं; अर्थात् ''विचार कविता'' कविता नहीं, कविता विचार है, और ऐसा है तो उसकी ''कविता'' पर विचार करने के लिए उसके ''विचार'' को अलग रख देना होगा या प्रसंगेतर मान लेना होगा।''

चेतन-अवचेतन, विचार-कल्पना, तर्कमूलक वक्तव्य-सौन्दर्यमूलक वक्तव्य को ज्ञान और सम्प्रेषण की मानवीय प्रक्रिया में अलगाया नहीं जा सकता। इसीलिए कविता में जब ये नितान्त अलग और असम्बद्ध रूप में आते हैं, तो कृत्रिमता का आभास देते हैं। जिस कल्पना-शक्ति को अज्ञेय कविता के लिए सबसे महत्त्वपूर्ण मानते हैं और निस्सन्देह वह है भी, उसे कालरिज ने चेतन और अचेतन, विचार और बिम्ब, सामान्य और ठोस, प्रातिनिधिक और वैयक्तिक, समानता और भिन्नता, परिचित और नवीन, संघटन और भाव, आकलन और उत्साह, कृत्रिम और प्राकृतिक जैसे विरुद्धों का सामंजस्य करनेवाली शक्ति बताया था। जैसे-जैसे विज्ञान और तर्क के युग में कविता की जरूरत पर ही सवाल उठने लगे, वैसे-वैसे पश्चिम के कवियों और काव्यशास्त्रियों ने बचाव की मुद्रा में ज्ञान के चेतन पहलू, विचार, तर्क, प्रातिनिधिकता आदि को विज्ञान के खाते डाल काव्य के अचेतन मनोवैज्ञानिक स्रोत, प्रभाव और भूमिका पर बल दिया। आगे चलकर मनोविश्लेषणवाद और लेवी-स्ट्रास जैसे संरचनावादी नृतत्त्वशास्त्रियों के प्रभाव से कविता में अवचेतन और प्राक्-बिम्बों पर बल देते हुए कल्पना-शक्ति की भी इन्हीं सन्दर्भों में व्याख्या होने लगी। कविता की इस तरह की समझ विकसित होने के पीछे एक और प्रमुख कारण था। पूँजीवादी समाज के असमाधेय अन्तर्विरोधों, निरंकुश व्यक्तिवाद और मानसिक अलगाव की समस्याओं से निजात के तौर पर मानव मन के आदिम, प्राकृत मूलों तक पहुँचना जहाँ ये सारे अन्तर्विरोध लय हो सकते थे और वर्गों, व्यक्तियों, राष्ट्रों में विभाजित मानवता एक सार्वभौम आधार पा सकती थी। इस रास्ते सोचनेवालों के लिए आद्य-बिम्बों में व्यक्त मनुष्य का सामूहिक अवचेतन कविता का आदर्श बन गया। अन्तर्मुखता, क्षण के अनुभव में मानव-नियति का साक्षात्कार, अन्तर्दृष्टि की कौंध में समग्रता और पूर्णता का प्रकाशन—कुल मिलाकर मानव जीवन के बिखराव के बीच पूर्णता की झलक को देखना और दिखलाना

कविता की अनकही भूमिका मानी गयी। कविता की इस धारणा और भूमिका को माननेवाले जीवन के पार्थिव, भौतिक साधनों और सम्बन्धों के पुनस्संगठन की पथरीली लम्बी राह के साथ-साथ कविता को पनपता नहीं देख पा रहे थे। जो पार्थिव, वास्तविक और भौतिक था, उसका जो और जितना हिस्सा निरपेक्ष चेतना (चेतन+अवचेतन) के स्तर पर रूपान्तरित हो चुका हो, वही कविता के लिए ग्राह्य था। भले ही इस रास्ते के बहुत से हमसफर वस्तुगत आदर्शवाद के हामी अर्थात् यह माननेवाले रहे हों कि आदर्श भी वास्तव से उद्भूत होता है, किन्तु आदर्श को ही सत्य और वास्तव को तथ्य मानने के चलते वे विगत वास्तव के चिह्न सामूहिक अवचेतन या परम्परा में ही देख पाते थे या यों कहें कि इनके लिए समूह का अवचेतन या परम्परा इतिहास का स्थानापन्न थी।

आइये देखें कि हम ''नदी के द्वीप'' को कविता की किस कोटि में रख सकते हैं। कालरिज के ही एक जुमले का इस्तेमाल करें तो यह कविता उस कला का नमूना है जिसे "Figured language of thought" कह सकते हैं, ''भवन्ती'' से ऊपर उद्धृत अज्ञेय के कथन से जाहिर होता है कि वे कविता में विचार को सृजन के अवचेतन प्राक्-बिम्बात्मक स्तर के बाद चेतन आयास से भरा गया अर्थ मानते हैं। क्या इस कविता के भी ये दो स्तर हैं? यदि हैं तो क्या हम इस कविता के विचार को कविता से अलग प्रसंगेतर मानकर सिर्फ कविता का भावन कर सकते हैं? यदि कविता और विचार को अलगाना असम्भव हो, तो क्या कविता का मूल्यांकन स्वतः ही विचार का भी मूल्यांकन नहीं हो जायेगा? हमारी समझ से इस कविता में प्रतीकों के माध्यम से सर्वोपरि एक विचार सम्प्रेषित होता है, विचार प्रतीकों में ढाले गये हैं या प्रतीकों में अर्थ ढाला गया है, इसका निर्णय कर पाना मुश्किल भी है और अप्रासंगिक भी। पहली पंक्ति में ही प्रतीकार्थ स्पष्ट किया गया है—''हम नदी के द्वीप हैं।'' ''हम'' यानी व्यक्तिवाचक सर्वनाम। व्यक्ति और उसका तत्त्व यानी व्यक्तित्व ही नदी का द्वीप है। (बहुवचन में ''नदी के द्वीप''), कविता का पहला वाक्य एक सन्देश, घोषणा या वक्तव्य है—तार्किक या सत्यापनीय नहीं, बल्कि आनुभाविक और सौन्दर्यात्मक। जैसे-जैसे कविता खुलती है, वैसे-वैसे प्रतीकों का एक समीकरण उभरता है—

द्वीप	=	व्यक्तित्व	=	शिशु
नदी	=	संस्कृति/परम्परा	=	माँ
भूखण्ड	=	समाज	=	पिता

इस समीकरण में द्वीप या व्यक्तित्व की प्रधानता है क्योंकि वही उस सम्बन्ध को परिभाषित करता है, उस सम्बन्ध का वाचक है जो नदी और भूखण्ड का उससे है। व्यक्तित्व, संस्कृति और समाज, इन तीनों पदों के दो-दो प्रतीक हैं। हरेक पद के दो प्रतीक इसलिए हैं कि बाकी के दोनों पदों से उसके सम्बन्ध को एक ही प्रतीक पूर्णतः व्यक्त नहीं कर पा रहा। हर पद के दो प्रतीक अर्थ की समग्रता से एक-दूसरे के पूरक हैं। प्रतीकों का एक स्तर प्राकृतिक है (द्वीप, नदी, भूखण्ड) और दूसरा मानवीय (शिशु, माँ, पिता) और ये दोनों स्तर मिलकर प्रकृति और मनुष्य के अविभाज्य सृष्टि-सम्बन्ध के बोध को उद्बुद्ध करते हैं। बगैर वक्तव्य की शक्ल में आये जो अनायास सम्प्रेषित होता है, वह यह कि व्यक्तित्व, संस्कृति और समाज जितने मानवीय हैं उतने ही प्रकृत भी। यह बात प्रतीकों के अर्थ से नहीं, बल्कि उनकी प्रतीक-व्यवस्था के दुहरे विन्यास से व्यंजित है। इस प्रतीक-व्यवस्था और उसमें अन्तर्निहित विचार का हम संक्षेपण करें (जिसकी इजाजत मुझ जैसे अध्यापक को कवि दे ही देता) तो बात कुछ यों निकलेगी—व्यक्तित्व, संस्कृति और समाज में वही सम्बन्ध है जो द्वीप, नदी और भूखण्ड में या/और शिशु, माँ और पिता में। ज़ाहिर है कि इस संक्षेपण से बात बहुत नहीं बनेगी क्योंकि इतना कहने से सम्बन्ध का स्वरूप प्रकाशित नहीं होता। कवि वक्तव्यों और सम्बोधनों की एक पूरी शृंखला के जरिये इस सम्बन्ध के स्वरूप को उद्घाटित करता है। कविता भले ही वक्तव्य न होती हो, किन्तु उन कविताओं में वक्तव्य बहुधा अपरिहार्य हो जाते हैं जिनमें एक पूरा विचार सम्प्रेषित करने की कवि की इच्छा होती है। ऐसी कविताओं में बहुधा एक पूरे विचार के सम्प्रेषण के लिए प्रतीक-व्यवस्था को वक्तव्य का सहारा चाहिए होता है। दूसरे, विचार की प्रकृति में सटीकपन (प्रेसिशन) होता है, इसलिए बिम्ब की अनेकार्थता और खुलेपन की जगह बिचार के सम्प्रेषण में प्रतीक की अर्थगत स्पष्टता और स्थिरता ज्यादा काम की चीज होती है। लेकिन वक्तव्य की जरूरत तब होती है जब कवि को प्रतीकों में पहले से चले आ रहे अर्थों की परतें काट अपना अर्थ भरना होता है या फिर प्रतीकमात्र विचार का पूरा भार वहन नहीं कर पाते। कविता में माँ और शिशु के बीच सम्बन्ध से नदी और द्वीप के बीच सम्बन्ध की समानता कोई बहुत नयी सूझ नहीं है। बहुत पीछे न भी जायें, तो सुमित्रानन्दन पन्त की मशहूर कविता "नौका विहार" के एक बिम्ब में हम इस समानता को देख सकते हैं—"माँ के उर पर शिशु-सा, समीप, सोया धारा में एक द्वीप"। प्रतीक-व्यवस्था के दोनों स्तरों की निकटता, समानता और सामंजस्य से ज्यादा महत्त्वपूर्ण है प्रतीकार्थ को वहन करने की इनकी सापेक्षिक क्षमता। नदी का प्रतीक संस्कृति की चिरन्तनता और

परिवर्तनशीलता, दोनों को व्यंजित करता है, यह प्रवाह ही है जो आपाततः विरोधी दिखनेवाले इन दोनों गुणधर्मों को एक करता है। नदी मनुष्य की पुरातनतम स्मृतियों में से है। पठार, पहाड़, समुद्र जैसे प्राकृतिक रूपाकार बहुसंख्यक मानव समुदाय से दूरस्थ हैं, जबकि नदी नजदीक है, जिसका प्रत्यक्ष अनुभव पीढ़ी-दर-पीढ़ी मनुष्य को होता रहा है। सभ्यताएँ नदी घाटियों में विकसित होती रहीं हैं। लिहाजा चिरन्तनता, परिवर्तनशीलता के साथ-साथ मनुष्य के साथ आत्मीयता भी संस्कृति का वह गुण है जो नदी के प्रतीक से व्यंजित होता है। नदी को माँ कहने का औचित्य यह है कि नदी जीवनदायिनी और आत्मीय है। (कविता की दुनिया में वह इसीलिए कहीं माँ है तो कहीं बहन, कहीं बन्धु, सन्त एकनाथ के लिए चन्द्रभागा बहन है, तो अज्ञेय की एक कविता का शीर्षक है "बन्धु हैं नदियाँ") जहाँ समतल जमीन, पहाड़, पठार, समुद्र से कुछ पाने के लिए मनुष्य को बदले में अपना श्रम (जोतने-बोने, खनन या ड्रिलिंग के जरिये) देना पड़ता है, वहीं नदी हमारी प्राथमिक ज़रूरतों के लिए हमसे कुछ लेती नहीं, अलबत्ता बढ़ी हुई जरूरतों के लिए हम बाँध वगैरह बनाने का श्रम जरूर करते हैं।

नदी जिस तरह द्वीप के उभार, सैकत, कूल को गढ़ती है, उसके बाहरी और भीतरी रूपाकारों को गढ़ती है, संस्कृति वैसे ही व्यक्तित्व की रूपरेखा, चाल-चलन, चरित्र और मूल्यबोध को। नदी और माँ, दोनों प्रतीकों के इस्तेमाल से संस्कार का व्यापकतर अर्थ ध्वनित होता है, जो भौतिक और आत्मिक, शरीर और मन दोनों के संस्कार का वाचक बनता है। माँ बच्चे को नहलाती-धुलाती है, कपड़े पहनाती है, बदन की मालिश करती है, दूध पिलाती है और इस तरह उसके शरीर को गर्भ के बाहर भी गढ़ती और आकार देती है। दूसरी ओर वह उसकी पहली शिक्षिका होती है जो उसे नीति का, जीवन मूल्यों का, प्यार, विश्वासों और मान्यताओं का संस्कार देती है, उसके मन को गढ़ती है। संस्कृति अज्ञेय के निकट व्यक्तित्व के लिए इसी भूमिका में है, लेकिन जिस तरह शिशु माँ के गर्भ से निकलकर स्वतन्त्र अस्तित्व हासिल करता है, बचपन, यौवन और वयस्कता की सीढ़ियाँ चढ़ते उत्तरोत्तर माँ से अलग अपना स्वतन्त्र व्यक्तित्व विकसित करता है, उसी तरह व्यक्ति भी संस्कृति से रूपाकार और संस्कार पाने के बावजूद मूलतः स्वतन्त्र अस्तित्व रखता है। संस्कृति के प्रति समर्पण और स्वतन्त्र अस्तित्व तथा अस्मिता के बोध का योग ही व्यक्तिमत्ता है।

इस कविता का प्रतीक विधान परिवार का रूपक बनाता है जिसमें संस्कृति, समाज और व्यक्तित्व क्रमशः माँ, बाप और शिशु हैं, साथ-ही-साथ नदी, भूखण्ड और द्वीप भी—

"हम नदी के पुत्र हैं, बैठे नदी की क्रोड में,
वह वृहद भूखण्ड से हमको मिलाती है।
और वह भूखण्ड अपना पितर है,

नदी तुम बहती चलो।

भूखण्ड से जो दाय हम को मिला है, मिलता रहा है, माँजती, संस्कार देती चलो..."

पाठक यह लक्ष्य किये बगैर नहीं रह सकता कि कविता में कुल इतनी ही पंक्तियाँ भूखण्ड के बारे में हैं। कवि यह इनकार नहीं करता कि भूखण्ड (समाज/पिता) से द्वीप (व्यक्तित्व/शिशु) का रिश्ता है, लेकिन यह रिश्ता अप्रत्यक्ष है, औपचारिक है, दूरस्थ है, कम आत्मीय है, जरूरत भर का है। सचमुच द्वीप से भूखण्ड दूर ही होता है और नदी ही दोनों को मिलाती है, उसी तरह जैसे माँ ही बच्चे को पिता का संज्ञान कराती है। शिशु पैदा होने के साथ माँ पर ही निर्भर है अपनी मूलभूत जैविक और आत्मिक जरूरतों के लिए। यदि माँ न बताये तो शिशु प्रामाणिक तौर पर नहीं जान सकता कि उसका पिता कौन है। पिता के साथ उसके रिश्ते का एकमात्र प्रमाण माँ ही है। जब तक परिवार और निजी सम्पत्ति का ऐतिहासिक रूप से विकास नहीं हो गया, तब तक पिता और भी हाशिये का जीव था जिसकी शिशु के लिए पिता रूप में पहचान की कोई जरूरत भी नहीं थी और न ही उसके शिशु या माँ के प्रति कोई कर्त्तव्य निर्धारित थे। कह सकते हैं कि शिशु के अस्तित्व में लाये जाने के जैविक साधन के अलावा पिता की कोई अन्य परिभाषा नहीं थी। लेकिन इस प्रतीक-विधान में एक परिवार उभरता है, रूपक के बतौर। परम्परागत परिवार में पिता बाहरी काम करता है, कमा कर लाता है और बच्चों की देखभाल और पूरी गृहस्थी माँ का जिम्मा है। बच्चे बहुधा पिता से आत्मीय नहीं हो पाते। पूर्वी उत्तर प्रदेश के गाँवों में एक-दो पीढ़ी पहले तक उच्च कुल का कहलानेवाले परिवारों में पिता सबके सामने बच्चों को गोद में भी नहीं उठा सकता था, ऐसी रवायत थी। पिता का अंश बच्चे में है, पितृसत्तात्मक समाज में उसकी सम्पत्ति का वह वारिस भी है और चुकाना भी उसे पितृ-ऋण ही है (भूखण्ड से जो दाय हमको मिला है...), बावजूद इन सब चीजों क़े, बच्चे से उसका सम्बन्ध अप्रत्यक्ष, अनात्मीय, औपचारिक और जरूरत के तकाजों से निर्मित होता है। अज्ञेय इस कविता में व्यक्ति, समाज और संस्कृति का ऐसा ही सम्बन्ध देखते हैं। व्यक्तित्व के लिए संस्कृति आन्तरिक है, उसकी जीवनी शक्ति हैं जबकि समाज अपेक्षया बाहरी है, जो जीने का साधम मुहैया कराता है, समाज का संज्ञान भी संस्कृति की मध्यस्थता से ही सम्भव है। कविता के प्रतीक-विधान में जो विचार

आकार लेता है उसमें समाज के प्रति जवाबदेही तो है, लेकिन व्यक्तित्व के निर्माण में उसकी भूमिका द्वितीयक है, प्राथमिक नहीं, बाहरी है, भीतरी नहीं। यहाँ सचमुच विचार को कविता से अलगाना असम्भव ही है। कोई भी विचार किन्हीं वस्तुओं से उद्‌भूत होने के चलते वस्तुपरक तो होता ही है, लेकिन साथ-ही-साथ ऐसी अन्य वस्तुओं, सम्बन्धों, परिघटनाओं की ओर संकेत और उनका प्रतिबिम्बन भी करता है जिनसे उसका प्राथमिक उद्‌भव नहीं हुआ है यानी संकेतपरकता भी विचार का एक गुण है। कोई भी विचार अमूर्त नहीं होता। वह अपना रूप लेकर जन्मता है—काव्य-बिम्ब में, धार्मिक प्रतीकों और कर्मकाण्डों में, गणितीय प्रमेयों में या वैज्ञानिक सूत्रों में। कोई कह सकता है कि एक ही विचार काव्य-बिम्ब और गणितीय प्रमेय में एक साथ मूर्त नहीं हो सकता। अज्ञेय जब विचार-कविता या कविता-विचार की बात करते हैं, तो शायद वे कविता और विचार के अलगाव की जगह (मेरी निगाह में) मूर्तन में उपजे विचारों के वैशिष्ट्य की बात कर रहे लगते हैं। यानी यदि कोई कवि एक ही विचार को अपनी कविता में कलात्मक बिम्ब और निगमनमूलक तर्क, दोनों रूपों में रखे तो वह एक ही विचार न होगा और कविता में भी टूटन दिखायी देगी। ''नदी के द्वीप'' कविता के विचार जिस प्रतीक-विधान में मूर्त हुए हैं, उससे भिन्न प्रतीक-विधान में वे मूर्त नहीं हो सकते थे। प्रतीक-विधान की अनन्यता विचार और प्रतीक का अभेद ही है। दरअसल प्रतीक या संकेत-विधान तो विचारमात्र की प्रकृति में निहित है। न्यायबद्ध तर्क या गणितीय प्रमेय भी संकेत-विधान ही तो है, और भाषा खुद भी तो। अज्ञेय ने ऊपर उद्धृत ''भवन्ती'' से लिये गये कथन में जो प्रश्न उठाया है वह मेरी समझ से यह होना चाहिए कि—क्या, मूर्तन के अलग-अलग स्तर या प्रणालियाँ विचारों की ही अलग-अलग प्रकृति का प्रमाण नहीं हैं? क्या कलात्मक बिम्बों में मूर्त कोई विचार वैज्ञानिक सूत्र में अनुवादेय है? ये प्रश्न रचनाकार के लिए ज्यादा महत्त्व के हैं, लेकिन आलोचक के लिए? आलोचक तो कवि नहीं है। वह स्वयं कविता नहीं कर रहा। क्या वह कविता में मूर्त विचार को समाजशास्त्र, राजनीति-विज्ञान, दर्शन या प्राकृतिक विज्ञानों की संकेत-पद्धतियों के बीच रख कर नहीं परख सकता? अगर आलोचक को इसकी मुमानियत है तो यह आलोचक से कवि होने की माँग है। क्या प्रतीक-विधान की अनन्यता और विचार और प्रतीक के अभेद की हिफाजत खुद आलोचक के लिए भी जरूरी है?

प्रसंग से जुड़ी एक बात यह है कि व्याख्या कविता की शर्तों पर उसके भीतर से होगी या बाहर से भी? ''हम नदी के द्वीप हैं''—इस पंक्ति से हम इस प्रतीक-विधान के सिर्फ एक प्रतीकार्थ को ही जान पाते हैं, दूसरे प्रतीकों के प्रतीकार्थ कहे

नहीं गये। हम यह कैसे जानते हैं कि नदी/माँ संस्कृति और भूखण्ड/पिता समाज के लिए आये प्रतीक हैं। जाहिर है कि ऐसा अर्थ करना व्यक्ति और द्वीप के कविता में बताये गये समीकरण पर आधारित अनुमान मात्र नहीं है, बल्कि अज्ञेय के अन्य टेक्स्टों से भी अनुमानित, अनुमोदित है। कविता के प्रतीक-विधान यानी मूर्त विचार में निहित पूर्वग्रह भी बगैर बाह्य सन्दर्भों के उद्‌घाटित नहीं होते। मसलन माँ, पिता और शिशु का जो पारिवारिक रूपक लिया गया है, वह किस तरह के परिवार के सम्बन्धों का वाचक है? पिता का काम बाहरी और माँ का दायरा भीतरी, यह सम्बन्ध कुलीन परिवारों का है, न कि निम्नवर्गीय परिवारों का जहाँ दोनों बाहर श्रम करते हैं, रोजी कमाते हैं। उनके काम के दायरे स्पष्टतः बँटे नहीं हैं। (यों विचार के कुलीन उद्‌गम के संकेत कोई चाहे तो कविता की शब्दावली की उच्चपाठीय तत्समाश्रितता से भी ग्रहण कर ही सकता है, जबकि आलोचकों ने अज्ञेय को गैर-रूमानी भावबोध के लिए तद्‌भव का अनुपम प्रयोगकर्त्ता माना है।) भूखण्ड, पिता और समाज तीनों पुरुषवाचक हैं। बाहर काम करनेवाले पुरुष की श्रम से दृढ़ मांसपेशियाँ और स्वभाव की परुषता भूखण्ड के कड़ेपन, खुरदुरेपन के समतुल्य हैं। समाज को कवि ऐसा ही देखता है। जबकि नदी तरल है, मृदु है, माँ की तरह और संस्कृति भी कवि के लिए ऐसी ही है। मुझे पता नहीं कि किसी नारीवादी विचारक को यह प्रतीक-विधान कैसा लगेगा। बहुत-सी नारीवादी विचारकों ने स्त्री के लिए प्राकृतिक उपमानों को अच्छा नहीं माना है क्योंकि वे मानती हैं कि ऐसे उपमान नारी की सनातन रूढ़ छवि को पुष्ट करते हैं जिसके अनुसार नारी और उसकी यौनिकता प्रकृति की तरह स्वच्छन्द, स्वयं को मर्यादित करने में अक्षम है, अतः मर्यादित किये जाने को पुरुष की दरकार रखती है। लेकिन इस कविता में तो प्रतीक प्रकृति से लिया गया है, जब कि प्रतीकार्थ संस्कृति है यानी खुद भारतीय परम्परा में प्रकृति और संस्कृति का द्वैत इस प्रतीक-व्यवस्था के जरिये मिट-सा जाता है।

समाज और संस्कृति के लिए क्रमशः पुरुष (भूखण्ड/पिता) और स्त्री (नदी/माँ) प्रतीकों का प्रयोग 19वीं सदी में भारतीय पुनर्जागरण द्वारा सृजित द्वैतों के मेल में ही है। पार्थ चटर्जी के अनुसार राष्ट्रवादी परियोजना ने औपनिवेशिक राज्य के साथ राजनीतिक अधिकारों के लिए संघर्ष और आन्दोलन में जाने से काफी पहले ही सांस्कृतिक सम्प्रभुता के एक स्वायत्त क्षेत्र का निर्माण कर लिया था। जहाँ 19वीं सदी के प्रथमार्द्ध में समाज सुधारकों ने धर्म और समाज सुधार के लिए औपनिवेशिक शासकों के कानूनी तन्त्र की मदद ली, वहीं 19वीं सदी के अन्तिम तीन दशकों में नये मध्यवर्गों से बने राष्ट्रवादी नेतृत्व ने एक ऐसे सांस्कृतिक दायरे का निर्माण

किया जो कि औपनिवेशिक शासन के हस्तक्षेप से मुक्त सम्प्रभुता का दायरा था। सामाजिक संस्थाओं और व्यवहारों को राष्ट्रवाद ने दो हिस्सों में बाँटा। उसकी परियोजना में भौतिक दायरा बाहरी है और आध्यात्मिक दायरा भीतरी है। भौतिक दायरे में अर्थव्यवस्था, राज-काज, विज्ञान, तकनीक आदि आते हैं, जिनमें पश्चिम की श्रेष्ठता स्वीकार्य है, जिसे सीखकर दक्ष बनना है ताकि पश्चिम का उसकी ही जमीन पर मुकाबला किया जा सके, दूसरी ओर आध्यात्मिक दायरा भीतरी है, जो कि जाति की सांस्कृतिक अस्मिता का क्षेत्र है जहाँ भारत की पश्चिम पर श्रेष्ठता स्वयंसिद्ध है। इस परियोजना की संकेत-व्यवस्था में घर/बाहर, स्त्रीत्व/पौरुष, आध्यात्मिक/भौतिक, आन्तरिक/बाह्य, सांस्कृतिक/समाजार्थिक जैसे द्वैतों के समीकरण बने। अज्ञेय की इस कविता के प्रतीक-विधान में यदि हम एक ओर आन्तरिक, सांस्कृतिक, स्त्रीत्व और दूसरी ओर बाहरी, सामाजिक, पौरुष का समीकरण पाते हैं, तो यह पुनर्जागरण की विरासत ही है। तभी से संस्कृति स्त्रीत्व है, आत्मा को गढ़नेवाली है, राजनीति, समाज आदि से पहले है, स्वायत्त है। इस कविता के विचार की प्रतीक-व्यवस्था औपनिवेशिक समय से राष्ट्रवादी उभार की चली आती हुई संकेत-परम्परा में ही अवस्थित है। हमारी समझ से इस परम्परा के सन्दर्भ के बगैर इस कविता के प्रतीक-विधान का औचित्य हम कुछ कम समझेंगे। इस कविता में अज्ञेय ने जो प्रतीक लिये हैं, वे सामान्य संज्ञाएँ हैं, मसलन नदी एक सामान्य संज्ञा है। यदि हम इस कविता के विचार की आनुवांशिकी में निहित संस्कृति का स्त्रीत्व समझेंगे, तभी हम समझ सकेंगे कि कवि ने प्रतीक के रूप में किसी खास नदी की जगह ''नदी'' जैसी सामान्य संज्ञा क्यों ली है। अलग-अलग नदियाँ/नद उनसे जुड़े मिथकों के आधार पर पुल्लिंग या स्त्रीलिंग हैं। यदि एक ओर गंगा, कावेरी, गोदावरी हैं, तो दूसरी ओर ब्रह्मपुत्र, दामोदर और नर्मदा भी। संसार की सभी प्रमुख भाषाओं में अलग-अलग नदी/नद के इसी तरह अलग-अलग जेण्डर हैं। हिन्दी भाषा में सामान्य संज्ञा ''नदी'' स्त्रीलिंग है और इसीलिए प्रतीक-रूप में कवि के विचार के लिए सर्वथा उपयुक्त। ठीक इसी तरह भूखण्ड सामान्य संज्ञा होने के चलते पुल्लिंग है, वर्ना पहाड़ भी भूखण्ड है और घाटी भी, एक पुल्लिंग और एक स्त्रीलिंग, द्वीप सामान्य संज्ञा के बतौर पुल्लिंग है। यहीं और इसी प्रतीक में यह समस्या आती है कि व्यक्ति-स्वातन्त्र्य क्या सिर्फ पौरुषेय है?

अज्ञेय ने इस सामान्य संज्ञाओं के जरिये व्यक्तित्व, संस्कृति और समाज के बीच जो सम्बन्ध स्थापित किया है, वह आदर्शात्मक-प्रतीरूपात्मक (Ideal-typical) है, विशिष्ट नहीं। ऐसा नहीं कि अज्ञेय यह जानते या मानते न रहे हों कि संस्कृतियाँ बहुवचनीय हैं और समाज तथा व्यक्तित्व से उनके सम्बन्ध भी एक

से नहीं हैं। लेकिन उन्होंने जो सम्बन्ध इस कविता में प्रस्तुत किया है वह उनकी निगाह में आदर्श है, दूसरे शब्दों में संस्कृति, समाज और व्यक्तित्व के जिस सम्बन्ध को वे भारतीय आदर्श मानते हैं, उसे ही विश्वजनीन और सार्वभौम बनाकर प्रस्तुत करते हैं, प्रतीक-विधान की एकवचनीयता का यही कारण है। अब यह अलग बात है कि इन सम्बन्धों के क्षेत्र में भारतीयता भी कितनी एकवचनीय है। क्या लोक-संस्कृति, अभिजन संस्कृति, वैदिक संस्कृति, मध्यकालीन संस्कृति, आधुनिक संस्कृति, शूद्र संस्कृति, ब्राह्मण संस्कृति आदि का व्यक्ति और समाज से सम्बन्ध का एक ही आदर्श-भारतीय प्रारूप सम्भव है?

इस कविता के प्रतीक-विधान में समाज सबसे कमतर महत्त्व रखता है। अज्ञेय की एक और प्रसिद्ध कविता है—''यह दीप अकेला''। यह कविता भी ''नदी के द्वीप'' की तरह सेकेण्डरी और स्नातक के पाठ्यक्रमों में प्रायः पायी जाती है, सम्भवतः इसलिए कि इन दोनों कविताओं में कवि के समाज और व्यक्ति के सम्बन्धों के बारे में ऐसे स्पष्ट विचार प्रकट होते हैं जो कि इन कक्षाओं के विद्यार्थियों के लिए सुग्राह्य हैं, ''यह दीप अकेला'' की आरम्भिक पंक्तियाँ हैं—

''यह दीप अकेला, गर्व भरा है मदमाता
इसको भी पंक्ति को दे दो।''

एक अकेला दीप और दीपों की पंक्तियाँ—व्यक्ति और समाज का यह अत्यन्त सरलीकृत समीकरण है। ''नदी के द्वीप'' में फिर भी इतना सरलीकरण नहीं है। समाज सिर्फ व्यक्तियों का समुच्चय नहीं है, वह व्यक्तियों और समूहों के बीच जटिल अन्तःक्रिया और सम्बन्धों से निर्मित होता चला जाता है। जिस तरह संस्कृति एक चिरन्तन, सतत परिवर्तनशील प्रवाह है, (नदी से प्रतीकित) वैसा ही समाज भी है। भूखण्ड कहने से उसका यह अभिलक्षण प्रकट नहीं होता। पितर कहने से महज आनुवांशिकता प्रकट होती है जो फिर भी भूखण्ड कहने में निहित आपेक्षिक परिवर्तनहीनता का कुछ हद तक परिहार करती है। मोटे तौर पर संस्कृति मूल्यों, अवधारणाओं, अभिरुचियों, चिन्तन, कला, दर्शन और नैतिकताओं का क्षेत्र माना जाता है यानी उसकी उत्पत्ति में मानस की भूमिका का ज्यादा महत्त्व है। आचार्य नरेन्द्र देव के शब्दों में ''संस्कृति चित्त की खेती है''। लेकिन मानस या चित्त भी जिन भौतिक कर्मों से निर्मित है, उसका क्षेत्र समाज है। व्यक्ति कर्म और मूल्यों के क्षेत्र में एक साथ जन्मता है। संस्कृति उसे समाज से नहीं परिचित कराती। वह प्रत्यक्षतः समाज में ही जन्म लेता है। आदिम समाजों में ही आदिम संस्कृति ने जन्म लिया। अकेले मनुष्य ने नहीं, समूहबद्ध मनुष्य ने ही संस्कृति की रचना की। समाज और संस्कृति को अलगाना असम्भव है। वे व्यक्ति के

अनुभव में वैसे अलग नहीं हैं जैसे भूखण्ड और नदी या माता और पिता। विडम्बना यह है कि जिस कविता में यह प्रस्तावित है कि समाज की अपेक्षा संस्कृति स्वतन्त्र व्यक्तित्व के निर्माण में अधिक महत्त्वपूर्ण और प्राथमिक भूमिका निभाती है, उस कविता का प्रतीक-विधान परिवार का रूपक उभारता है जो प्रधानतः सामाजिक इकाई है।

इस कविता की प्रतीक-व्यवस्था को एक अलग तरीके से भी देख सकते हैं। पहले कहा गया है कि व्यक्तित्व, संस्कृति और समाज के प्रतीक एक स्तर पर क्रमशः द्वीप, नदी और भूखण्ड हैं और दूसरे स्तर पर शिशु, माँ और पिता। क्यों न हम इन्हें प्रतीकों के दो स्तर न मानकर प्रतीकों के प्रतीक मानें? यानी जिस तरह व्यक्तित्व, संस्कृति और समाज के प्रतीक क्रमशः द्वीप, नदी और भूखण्ड हैं, उसी तरह द्वीप, नदी और भूखण्ड के प्रतीक क्रमशः शिशु, माँ और पिता हैं, ऐसा देखने पर अर्थ-ग्रहण में थोड़ा फर्क आता है। खासतौर पर कविता के उस आखिरी हिस्से को जब हम देखें जहाँ नदी का विनाशकारी चित्र उपस्थित हुआ है–

"तुम बढ़ो, प्लावन तुम्हारा घरघराता उठे,
यह स्रोतस्विनी ही कर्मनाशा,
कीर्तिनाशा, घोर कालप्रवाहिनी बन जाये
तो हमें स्वीकार है वह भी...

नदी के दोनों रूप मनुष्य अनुभव करता है। सामान्यतः वह जीवनदायिनी है, लेकिन बाढ़ आने पर वह तबाही भी खूब मचाती है। नदी के ये दोनों रूप क्या मातृरूप से प्रतीकित हो सकते हैं? अगर मिथक का सहारा लें तो अवश्य क्योंकि हिन्दू मिथकों की दुनिया में मातृशक्ति दोनों रूपों में आती है। वह अन्नपूर्णा है तो काली भी। यानी संस्कृति का प्रतीक नदी और नदी का प्रतीक माँ लेने पर अर्थात् "प्रतीक का प्रतीक" वाला विधान मानने पर कोई अर्थगत असामंजस्य नहीं जान पड़ता। लेकिन यदि हम दुहरे प्रतीकोंवाला विधान मानें और नदी और माँ, दोनों को संस्कृति का समानान्तर प्रतीक मानकर चलें, तो ऊपर उद्धृत कविता की आखीर की पंक्तियों के अर्थ-ग्रहण में वैसी सहजता नहीं रह जायेगी। माना कि नदी और मातृशक्ति दोनों में सृजन और विनाश, दोनों गुणों का निवेश है, लेकिन संस्कृति में? क्या संस्कृति व्यक्तित्वों का विनाश भी कर सकती है? थोड़ा सोचने पर मिथक नहीं, किन्तु इतिहास जरूर हमारी मदद करेगा। इस कविता में व्यक्तित्व का केन्द्रीय गुण है स्वातन्त्र्य। इतिहास गवाह है कि तमाम ऐसे दौर आये हैं जब संस्कृति या परम्परा के जोर पर स्वातन्त्र्य की

चेतना को नष्ट किया गया, जब गैलीलियो जैसों को चर्च के आगे झुकना पड़ा, जब पुरोहितवाद में संस्कृति का पतन हुआ और स्वतन्त्र मेधा को उसने नष्ट किया, आदि। मुझे नहीं पता कि स्वयं कवि को यह अर्थ-प्रक्रिया इष्ट होती या नहीं। प्रतीक और मिथक तो तब भी सगोत्रीय हैं, लेकिन प्रतीक को अर्थ के लिए इतिहास सहारा दे! कवि की पंक्ति है–

> *"तुम्हारे आह्लाद से या दूसरों के किसी स्वैराचार से–अतिचार से*
> *तुम बढ़ो, प्लावन तुम्हारा घरघराता उठे...*

इतिहास दूसरों के स्वैराचार या अतिचार से नदी और संस्कृति, दोनों के प्रदूषण और तज्जनित जीवन और स्वातन्त्र्य के विनाश का गवाह है, जबकि मिथकों में मातृशक्ति के प्रलयंकारी रूप की कल्पना मिलती है। लेकिन कवि सिर्फ दूसरों के अतिचार को ही नहीं, बल्कि नदी के अपने आह्लाद को भी वैकल्पिक रूप से प्रलयंकारी भूमिका का कारण मानता है। नदी के अर्थ में यह आह्लाद प्रत्यक्ष अनुभव का विषय है। जहाँ कोई बाहरी कारक नहीं, बल्कि नदी का प्राकृतिक उफान भी विनाश का कारण बनता है। इस उफान को लाक्षणिक तौर पर आह्लाद कहने में कोई समस्या नहीं है। मिथक के सहारे मातृशक्ति के अर्थ में काली या श्यामा का नर्तन भी आह्लाद ही है जो प्रलयंकारी है, लेकिन अगर मूल प्रतीकार्थ तक जायें तो संस्कृति के अर्थ में आह्लाद और विनाश में कोई रिश्ता न तो इतिहास और न ही मिथक के सहारे बन पायेगा। ऐसे में "प्रतीक के प्रतीक" वाला विधान मानना अधिक ठीक है क्योंकि तब एक प्रतीक दूसरे का प्रतीकार्थ होगा और इस प्रकार उस प्रतीक का स्वतन्त्र अर्थगत जीवन होगा। वह एक साथ प्रतीक और प्रतीकार्थ होगा। इस कविता की खास प्रतीक-व्यवस्था में जहाँ दूसरों के अतिचार से प्लावित नदी का संस्कृति के एक खास आचरण के प्रतीक के रूप में निर्वाह हो जाता है, वहीं अपने आह्लाद से प्लावित नदी स्वयं प्रतीकार्थ है जिसका प्रतीक है आह्लाद या उन्माद में नर्तन करती मातृरूपा आद्यशक्ति (माँ)। ऐसे में मानना होगा कि कविता में प्रतीक का अपना अर्थगत जीवन भी होता है जो जरूरी नहीं कि मूल प्रतीकार्थ के साथ सामंजस्य में ही हो; बल्कि सम्भव है कि उसकी अर्थगत संगति दूसरे प्रतीक से हो।

अवान्तर ही सही, लेकिन इस प्रसंग में उल्लेखनीय है कि "नदी के द्वीप" उपन्यास से इस कविता का कुछ खास रिश्ता नहीं है। इसकी तस्दीक खुद अज्ञेय ने की है। उपन्यास में समाज, संस्कृति और व्यक्तित्वों का अन्तर्सम्बन्ध विषय नहीं है, बल्कि स्वतन्त्र व्यक्तित्वों के आपसी रिश्तों से कथा बुनी गयी है। जाहिर है

कि कविता में इसके लिए अवकाश नहीं था क्योंकि कविता सामान्य संज्ञाओं में प्रतीकों की शृंखला के जरिये एक अवधारणा विकसित करती है जबकि उपन्यास विशिष्ट व्यक्तियों के अनुभव से बना है। कविता में विचार की प्रधानता है जबकि उपन्यास में अनुभव की।

अन्ततः इस कविता में जो विचार उभरता है, वह कवितामात्र के बारे में अज्ञेय की धारणा के कारण ही है। कविता में अवचेतन की प्रधानता की धारणा ही कविता के प्रतीक-विधान में व्यक्तित्व की स्वतन्त्रता के स्रोत के रूप में समाज (जो कि मानवीय भौतिक कर्म का क्षेत्र है जिसमें राजकाज, तकनीक, विज्ञान, अर्थव्यवस्था की तर्कमूलकता होती है) की अपेक्षा संस्कृति के भीतरी, संस्कारी, प्रधानतः अवचेतनात्मक स्वरूप को तवज्जो दिये जाने का कारण बनती है।